幸せを呼ぶ

おきなわ開運術

おまじない
縁起物
ご利益スポット

比嘉 淳子 ＋
「おきなわ開運術」編集部 編著

はじめに

この本は「最近ついてないな〜」とか「がんばっているのに空回りばかり」などと思っている方に、試してみてほしいとっておきの開運術を紹介し、多くの方に活用していただけるようにまとめたものです。

沖縄では昔から神様はつねに近くに存在しており、人びとはその神々を敬い、感謝して過ごしてきました。それらは各種行事ごとにはもちろんですが、日々の暮らしのほんのちょっとした言葉やしぐさ、置物などにも現れています。

厄除けとして有名なシーサーや石敢当などは普段よく目にしますが、気を付けてみるとお弁当にサンが添えられていたり、塩で清めたりと意外と日常的にさまざまなことが行われています。また驚いた時やくしゃみをした時、悪い夢を見た時に一言つぶやくだけで気持ちが落ち着いたりするから不思議です。このように日々の暮らしの中でも、神様はもちろん、両親や友人はじめ多くの人に見守られていると思うと、心を安らかに幸せな気持ちにさせてくれます。

現在でも生活の中で行われる折々のこれらの方法をもう一度見直し、実行してみることにより幸せを呼び込みたいものです。

最近はあちこちで「パワースポット」が話題ですが、そんなブームとは別に沖縄の人々が昔から参拝してきた御嶽や拝所には、今でも多くの人々が訪れています。それにはその場所に込められた由来や成り立ち、祀られている神様などいろいろな要因があると思いますが、どの場所にも深い祈りや幸せを願う人々の思いが込められている気がします。

これらの場所には専門的な方（神人や拝みをする人）に伴われて参拝にいらっしゃる方がおられますが、そうでなくてもその場所に足を運ぶことで、リフレッシュできたり、風向きが変わることもあるかもしれません。心からの願いはきっとかなうはずです。

開運術はいいかえれば「験担ぎ《げんかつ》」ともいえます。幸せに拍車がかかるのなら、担げる験は担いでおきませんか？

目次

その2　おきなわ開運スポット

4、ご利益別開運スポット 130

付録／居心地のよい場所を

その1

手軽に開運

1、まずはおまじないで開運

よく「厄を祓《はら》う」といいますが、「厄」とは『広辞苑』では「①わざわい。災難。②厄年のこと。③疱瘡」ということになっており、人に振りかかる悪い事を総称しているようです。

沖縄ではそばにいる人がくしゃみをすると「クスクェ！(うんち喰らえ)」と唱《とな》えます。実はこれ、愛情のこもったおまじない言葉なのです。人の魂はくしゃみの時に飛び出ると言われ、それ狙いにわざとくしゃみをさせ、魂を奪う奴がいる。このように人間に災い(厄)をもたらす悪い奴ら(悪霊)を総じて「ヤナムン」とか「マジムン」といいます。このヤナムンやマジムンを祓うことが「厄よけ」でもあり、福を呼び込むと言われています。

おまじないなどで厄を祓ったり、子どもを守ったりすることが日常的に行われています。現在でも普段の生活の中で沖縄のおまじないを活用し、身近な人を守る厄祓いの動作が日常的に行われています。

びっくりした時に

マブヤーマブヤー、ウーティクーヨー

沖縄では人の体には七つの魂が宿っているといわれ、その魂を「マブイ」とか「マブヤー」と呼びます。このマブヤーはひょんなことで体からぬけ落ちることがあり、ひとつでもマブヤーを落とせば、たちまち人は腑抜《ふぬ》けになったり、病気になったり、不幸になったりすると言われています。

マブヤーは驚いただけでも簡単に落ちてしまうので、日頃から驚いたら「マブヤーマブヤー、ウーティクーヨー」（魂よ、魂よ、追いかけて来なさい）とまじない言葉を唱え、落ちたら即拾う癖を付けておきましょう。これはもう、沖縄所作と言えるでしょう。

マブヤーを体に込め直す儀礼「マブイグミ」もありますが、ここでは簡単におまじないでマブイを拾う方法を紹介します。この場合、落としたかなと思ったらすぐにこのおまじないを唱えるのが重要です。

落ちて時間の経過したマブヤーはお腹を空《す》かせているそうで、そのままにしていたら悪玉マブヤーになってしまう恐れがあるとか。マブヤーも人も同じで、食べ物で誘い出す作戦が有効のよ

うです。マブヤーをいつ落としたかわからない場合には「マブヤーマブヤー、ウーティクーヨー。ウーメークワッティ、ウーティクーヨー」（マブヤーよ、おいしそうなごはんがあるから追いかけておいで）と付け加えれば、さまよえるマブヤーも迷わずに帰還するとか。是非試してみて下さい。

●まぶいの危機をおばあが救う

くしゃみをした時に
クスケー

誰かがくしゃみをしたらそばにいる人がすかさず言う言葉が「クスケー」。簡単にいえば「くそ食え」＝「ウンチ食らわすぞ！」という言葉。

●マジムン赤ちゃんをねらう

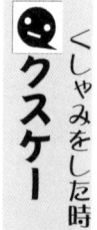

人がくしゃみをすれば魂も一緒に飛び出すといわれ、特に赤ちゃんの魂は純粋なので、ヤナムンやマジムンの大好物。ヤナムンはわざと赤ちゃんに忍び寄りくしゃみをさせ、飛び出した魂を狙《ねら》っているとか。そんな時には、マジムンたちが嫌いな「汚物作戦」で反撃することで、赤ちゃんの魂を守ることができるというおまじないです。

もちろん赤ちゃんだけでなく大人にも有効です。沖縄人なら反射的に出るおまじない言葉です。

不吉な前兆があった時に
ヤナクトゥー　ヤーウエドゥー

沖縄ではスーサー（ヒヨドリ）やビーチャー（ジャコウネズミ）は不幸ごとを媒介するとして嫌われています。スーサーが家の中に入ればあの世の知らせだといい、ビーチャーが天井を騒がせば土地が荒れている（土地に不吉なものが入ってきている）といわれます。

特に夕方にそれらが起こると不吉だとされ、その時は厄返しに「ヤナクトゥー　ヤーウエドゥー」（悪いことはうちではなく、あなたの上だ）と言えば、事なく済むといわれています。

赤ちゃんを守る アンマークゥトゥー

正式には「アンマークゥトゥー、アンマークゥトゥー、アンマークトゥドゥ、ンジュンドゥー」（お母さんのことだけ　お母さんのことだけ、お母さんのことだけを見てね）。我が子をマジムンから守るおまじないです。

　赤ちゃんは怖いもの知らずで、キョロキョロと何にでも興味を強く引かれます。そこにつけ込んでマジムンたちがいたずらをして赤ちゃんを病気にしたり、驚かせて泣かせたりするといいます。それで「おかあさんだけをみていてね」とまじないをするのです。

　外出する時には、このおまじないを唱えながら、中指にツバをつけて赤ちゃんの額《ひたい》をトントンと軽く叩きます。これで赤ちゃんをマジムンたちから守りましょう。

男の子が健やかに育つように
ウフイナグ

昔むかし、首里のサムレー（士族）が妖術を使うお坊さんを成敗したところ、そのお坊さんは息も絶え絶えに「お前の家を滅ぼすために男子が生まれても私のように苦しみ死ぬ」と呪いをかけて絶命しました。それからサムレーの家では男子が生まれても、突然苦しみだして死んでいくようになりました。悩んだサムレーはある薬師（漢方医）に相談したところ、「男の子が生まれても男子が誕生したとは言わず、『ウフイナグ（大きな女子）』誕生と言って広めなさい。その子は十三歳までは髪を長くして女子として育て、十三祝いの日に男子として祝いなさい」という助言がありました。サムレーがその通りにしたところ、次から生まれてきた男の子は無事に健康に育ったそうです。この昔話から来たおまじないで、子どもが生まれた時に「ウフイナグが生まれた」と言いますが、今では男女の区別はありません。

子どもが生まれること自体がうらやましがられることで、沖縄の人は人からうらやまれることを「口難《くちなん》が入る」（65頁参照）と心配する傾向にあります。生まれてきた子どもに心ない口難が入って健康を損《そこ》ねないように「ウフイナグが生まれたさ〜」と言うようになったそうです。

悪い言葉を使ってしまった時に
マースクエーブラー（塩を食らえ）

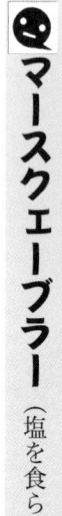

言葉には魂があって、悪い言葉を使えばその言葉通りになると言われます。冗談でも「死ねばいいのに」などと言って、もしもその言葉通りになってしまったら……。

言われた人も言った人も不幸になる悪い言葉を、つい言ってしまった時に、すかさず「マースクエーブラー（塩を食らえ）」と唱えることで塩の力で清めるというおまじないです。悪い言葉を使ってしまった時に反省の気持ちをこめて唱えましょう。

聖地でのごあいさつ
チムヂュラク　ウトゥシクミソーリー

御嶽《うたき》や拝所、墓地、洞窟など、第六感がムズムズする場所で使うおまじない。見えないものが存在するような場所に、知らずとはいえ無礼に足を踏み入れたらさあ大変。相手側からすれば不法侵入で、ただちに報復が始まります。相手方のテリトリーに入る時には、一礼して理由を告げてから入るのは人の世界も見えない世界も同じです。「チムヂュラク　ウトゥシクミソーリー」（心を広く持ってお通しくださいませ）とまじないを唱えながら礼を尽くしましょう。

もちろん、他人様の屋敷内のものを持ち帰らないのと同じく、石ころひとつ、葉っぱ一枚でも持ち帰らない、ゴミ一つも落とさないようにします。霊には礼を心がけましょう!?

悪い夢を見てしまった時に
イミヌフリムン

真夜中に悪夢で飛び起きてしまうと、気持ちが落ち着かなくて眠れなかったりします。そんな時は枕を裏返してポンポンと叩《たた》いてから休みましょう。

そして朝起床したらすぐに窓を大きく開け放って空気の入れ替えをし、「イミヌフリムン！ イミヌフリムン！」（夢のバカ、夢のバカ）と言います。

悪い夢は正夢であってほしくないですから、その厄を払うおまじないです。また、怖い夢は人に話せば消去されてしまうそうです。

子どもの寝具を引っ張って移動させる時に
ムシルビーチー

暑い沖縄はムシロを敷いて寝ていたところから生まれたおまじないの言葉。そもそも寝ている人を引っ張るというのは、遺体の搬送を想像させる不吉な行動。また、ぐっすり寝入っているところを動かすと驚いてマブヤーを落としてしまうかもしれません。「ムシルビーチー、ムシルビーチー」と唱えることで、「ムシロを引っ張っているんだよ。人を引っ張っているんじゃないよ」と意味を転化させるのがこのおまじないです。

新しい服を着せる前に
チンヤヨーカー　ドウゥヤチューバー

おろしたての服を着る前に唱えるおまじない。

「チンヤヨーカー　ドウゥヤチューバー」（服は弱いけど、体は強いよ）と言いながら服の端を

引っ張り、柱になすり付けながらこのおまじないを言うと、服も負けじと鎧のように強くなり体を守るといいます。

服は体を守るもの。ヤナムンが命を狙ってライフジャケットである服を破っても、下にある体は頑丈だから平気だよ、そんな体にしておくれ、という願いも込められています。

こんな言葉知ってますか？

オーナチマヤー

奇妙な鳴き声をする猫を沖縄では「オーナチマヤー」（青鳴き猫）と言い、不吉なことが起こる前兆だと忌み嫌います。盛りの頃の鳴き声とは異なるようです。ちなみに犬のオーナチの場合は死神系、猫の場合には妖怪系がウヨウヨしている警告の鳴き声だという地域もあります。動物がオーナチする夜は出歩かない方がいいとか。

ハブよけのおまじない
ジュホー　ジュホー　ジュホー

ある女性がハブに教えられたと伝承されるおまじない。

山火事に巻き込まれたハブが、すんでのところで女性に助けられた。その恩返しにとハブは、畑仕事で忙しい女性の代わりに赤ちゃんの子守りをしたのだとか。

さらに、「私たちハブに遭遇したら『ジュホー　ジュホー　ジュホー』と三回唱えてください。そうすれば私たちは近づけません」と自らの弱点を人間に教えて恩返しをしたといいます。ハブの首が細いのは、赤ちゃんがハブの首あたりを握ってブンブン振り回したからなのだとか。

地震に遭った時に唱える
チョーヂカ　チョーヂカ（経塚、経塚）

浦添市の経塚御嶽《きょうづかうたき》には地震を鎮《しず》める経典が納められているという言い伝えがあります。昔、首里から浦添あたりは薄暗い森で、夜な夜なマジムンが出没して雷を落としたり地震を起こしたりと悪さをしていました。そこで高野山《こうやさん》で修行してきたお坊さん（日秀上人《にっしょうしょうにん》）がマジムンを封じるため、「金剛経《こんごうきょう》」を石に書いて埋めたところ災いも減り落ち着いたという言い伝えがあります。その経典を埋めた場所は経塚と呼ばれるようになりました。それで地震が起きると「チョーヂカ、チョーヂカ」と二回唱えれば、マジムンが「ここは経塚なのか！」と驚いて静かになると言われています。

雷が落ちないように
クワーギヌシチャー（桑の木の下）

悪さばかりして人々を困らせていた雷神が桑の木の股に挟まって命を落としたということから、仲間の雷神たちから恐れられるようになった桑の木。雷が轟《とどろ》くと「クワーギヌシチャー」（桑の木の下だよ。それでもいいのかい?というように）と言うと雷が鎮《しず》まるようになったとか。雷神よりも人間の方が優位という、不思議なおまじないです。

火事の被害をまぬがれたい時に
ホーハイ

「ホー」は女性器、「ハイ」は「あらわにしている」という意味があります。赤ちゃんがお尻をむき出しにしている姿を「マルバイして～」とほほえましく表現する「ハイ」と同じ意味があります。火の神様を祀る女性はいわば火を扱う達人。火柱を立てて荒ぶる火の神を鎮めるには、神聖な女性器をあらわにするのが妙案と考えたのかもしれません。火事の時に「ホーハイ」と唱えると延焼を防ぐと言われています。

女性器には古来から魔除けの力があると伝えられています。

犬に咬まれそうになった時に
ウェーカー

「ウェーカ」とは「親戚」という意味。犬がうなって近づいてきたら「早まるな！　親戚じゃないか！」の気持ちをこめて「ウェーカー」と言うと咬まれないというおまじないです。

おまじないじゃないけど、こんな時に

番外編

金縛りになった時

金縛りになるのは体調の良し悪しもありますが、ヤナムンたちの仕業の方が多いと言います。生きている人の方が強いのですから、弱気にならずに堂々としていましょう。

①目は開けずにお腹から息を吐く。
②指先などを動かす。
③聞こえた声には耳を傾けない。
④金縛りがほどけたら、大きくかしわ手を打つか、うなじの辺りをポンポンポンと三回軽く叩く。

金縛りが連夜続くようであれば、塩を枕元に置いたり、明かりをつけたままにしたり、テレビやラジオなどをつけたままにして寝ると落ち着きます。こうしてヤナムンに自分の体を乗っ取られないように強い気持ちであなたの気を充満させて過ごしてください。

ぬいぐるみや人形を処分する時

特に人からプレゼントされたぬいぐるみや人形は気持ちがこもっていて簡単に捨てられるものではありませんね。でも、一個二個ならまだしも、たくさんのぬいぐるみに囲まれるのは良くないと言います。生き物の形をしている「ヒトガタ」なので、ヤナムンが侵入しやすいそうです。塩をかけて紙で目隠しをしてから処分します。

元カレや元カノの写真を処分する時

過去のこととはいえ、ポイッと捨ててしまっては相手に申し訳ありません。どんないきさつがあったにせよ、相手あってのもの。写真は塩をかけてから焼いて処分します。

知り合いで、元カレに裏切られた腹いせに元カレの写真を塩もかけずに焼いてしまった人がいました。しばらくして、元カレが車の事故で大やけどを負ったと聞いて落ち込んでいました。偶然かもしれませんが、焼却処分した時期がぴったり符号したので、焼いたことを後悔したという実例も。

オークションで中古品を落札した時

オークションなどで購入したものは、前の持ち主の強い念が入っていることがあると言います。特に高級品は、仕事の失敗や別離、相続等の理由でやむなく手放したものが多いようです。ワケありな前の持ち主の気が入っていれば、やはり多少なりとも影響は受けるようです。

こんな時には、次のようにして前の持ち主の気を抜きます。

まず、お線香十二本（沖縄式平たい線香＝「ヒラウコー」は一枚で六本と数えるのでこの場合二枚）に火をつけ、中古品の上から左回り（反時計回り）に三回廻しながら「四方八方の神々様のお力でこの商品の前の持ち主の気を抜いてください」と言います。その後、塩水で拭いて清めます。

壺の場合、花を生けずに飾る場合が多いですが、壺は水を張って生き生きとした花を投入されるのがうれしいそうです。もし、そのまま飾るのであれば、中に塩や水晶のかけらを入れてヤナムンがこもらないようにしましょう。

オークションで壺を買ったあるご婦人は、その壺をリビング

お線香２枚（6本×2）

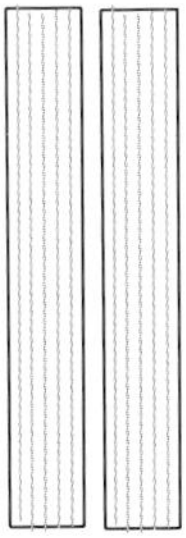

左回り（反時計回り）

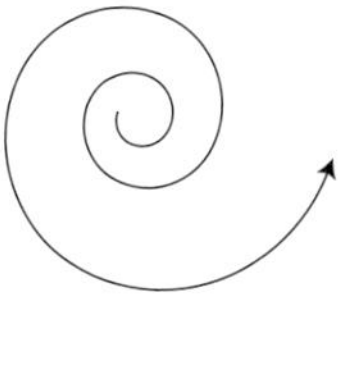

ビンのふたを開ける
イメージ

の出窓に置いていたそうです。するとしばらくして家の中で争いごとが多くなり、ご主人が帰ってこなくなったそうです。やつれ果てたある日、夢枕に亡くなった母親が立ち、壺に塩を入れるように言ったそうです。翌日、お告げ通りに壺に塩を入れたところ、争いごとは鎮まり、ご主人も毎日帰ってくるようになったそうです。

2、身近なもので福を招く

沖縄の魔除《まよ》けグッズで有名なものにT字路の突き当たりに置く「石巌当《いしがんとう》」や屋根の上の「シーサー」などがありますが、その他にも身近な塩や米、ススキの葉で作った「サン」なども、身近に置いておくと厄を除け、福を招く効果を発揮します。

これらものをさりげなく生活に取り入れて、開運食で元気と運を味方につけましょう。

また、パワーストーンや七色パワー、手作りのお守りなどを紹介。パワーアップを図りたい時に試してみては？

スス キの葉で作る万能魔除け
サン

すすきやアダンなどの先の尖った植物の葉は。悪さを企むヤナムンには「刀」に見えるようで魔除けの効果が高いと言われています。それらを使った魔除けグッズがサン。作り方は簡単で、葉先をひねって輪を作り通して結ぶだけ。ヤナムンはサンを見ると痛い目に遭うと認識していて、いわば防犯シールのようなものと言えるかもしれません。

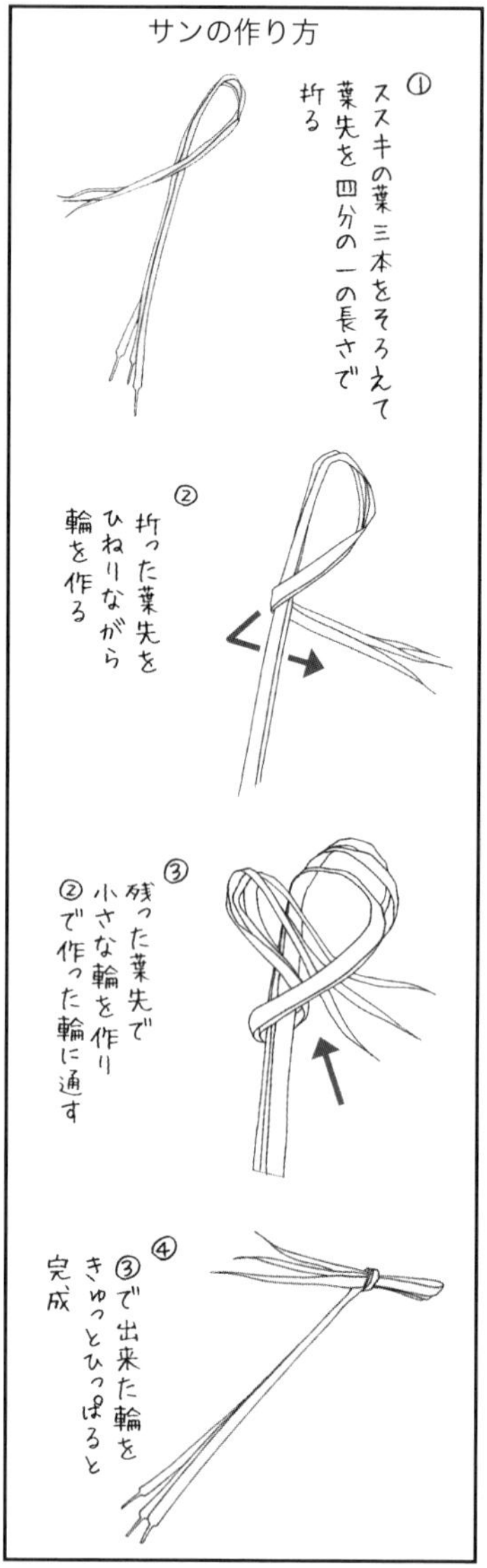
サンの作り方
①
ススキの葉三本をそろえて
葉先を四分の一の長さで
折る
②
折った葉先を
ひねりながら
輪を作る
③
残った葉先で
小さな輪を作り
②で作った輪に通す
④
③で出来た輪を
きゅっとひっぱると
完成

◆使い方

魔除けとして持ち歩くなど、さまざまな使われ方があります。最近はお守りやストラップなどのグッズにもなっています。結び目を作ることにも意味があるそうですので、簡易に作られた紙製のサンや小さなサンでも同じ効果があるそうです。

①事故防止に車内に置く。
②悪夢対策に枕元に置く。
③幽霊が出そうな場所に向かって置く。
④腐敗防止にお弁当の上に置く。

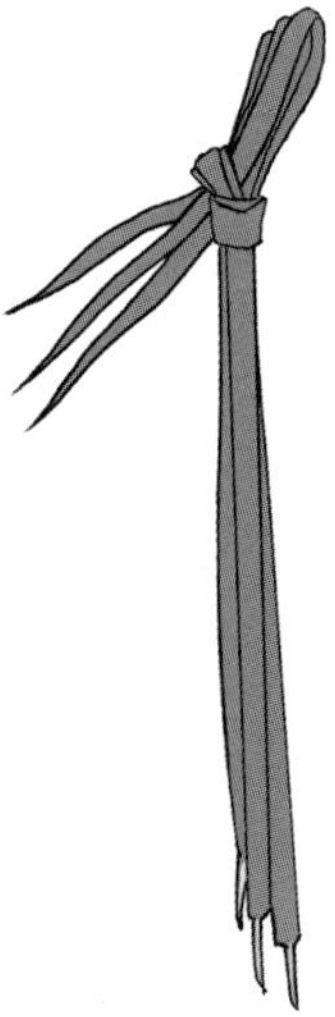

ゲーン

旧暦の八月十日頃に行われる年中行事に「柴差し」があります。お盆後もあの世に帰らない居残り霊を祓うものです。この時使うのは「ゲーン」という大型のサンで、さらにゲーンに呪力を持つといわれる桑の枝を加え、屋敷の四方と入り口にさしてヤナムンが入ってこないようにすれば、祓いの効果アップになります。

どこの家にもある強力アイテム

塩（マース）

拝みのグイス（祝詞）でも「ナンジャ（白銀）マース」「クガニ（黄金）マース」と美称されるのがお塩。この海の恵みは、大切な調味料であり、生物の生命維持にとっても重要な物質です。塩には海の神秘的な力が凝縮されているとされ、魔除けに用いられるほか、幸運を呼ぶ力もあると言われています。

店先や自宅の玄関にある盛り塩も幸運を招くためのもの。この習わしは、中国の晋の時代の故事から来ています。ある女性が、牛車に乗った王様が訪ねてくるようにと牛の好物である塩を玄関先に置いていたところ、牛車が停まり、女性は王様と知り合い王宮に招かれるようになったのだとか。この話のように上客が来るようにという願いのほか、客と一緒に災いが入らないようにとの意味があります。

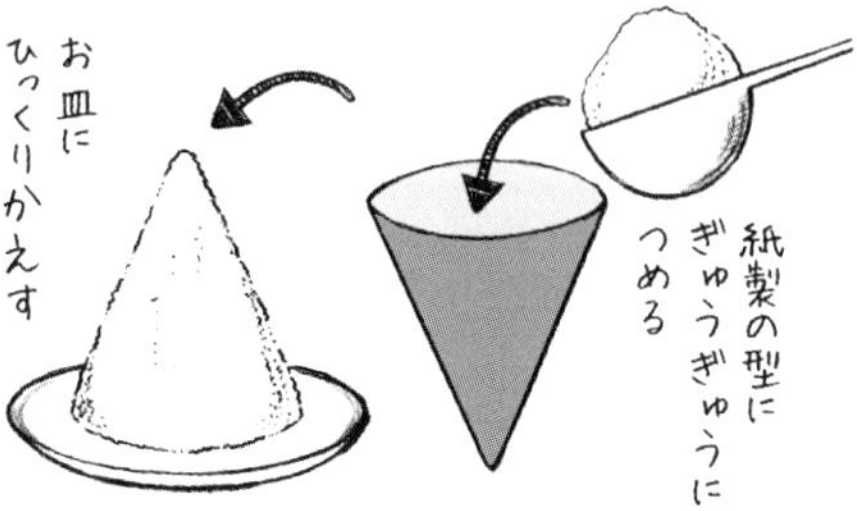
紙製の型にぎゅうぎゅうにつめる
お皿にひっくりかえす

塩の上手な盛り方

盛り塩するときは手を触れない方がいいといいますが、きれいな形にするのは難しいもの。型を使用すると簡単にきれいにできます。※本書に巻かれている帯を切り抜いて型を作成できます。

使用例①引っ越しの準備

荷物を運ぶ前の吉日に引っ越し先で準備をします。ボウルに塩水を入れ、「**ここにいます前の持ち主の念はこの部屋から出てください。今日からこの部屋には○年（干支）生まれの◎が住みます。この塩水で穢れを清めますのでどいてください。この土地を守っている神々は上座へお上がりください。今日からこの部屋で◎が幸せに過ごしますように、たくさんの徳をいただけますように**」と言いながら塩水を壁や床にはじきます。そして、台所に塩と味噌を置きます。これは、今日から台所を使って生活が始まりましたという合図で、生活の基本となる調味料を置くことで、土地や屋敷の神々に住人として「仮登録」することになるのだそうです。

使用例②お守りとして

旅行や遠出の時にお守りとして塩を持ちます。ヤナムンに出合って事故が起こることのないようにという意味があります。また、病気の時にも枕元に置いたり、お風呂の湯の中にひとつまみの塩を入れます。旅先の慣れない土地で眠れない時にも有効です。その時には「**ヤナムン、シタナカジ（汚い根性悪なもの）は押しのけてくださり、この塩の力で清めてください**」といいます。

使用例③運転していて事故に遭いそうになった（遭ってしまった）時

「○○がどこどこで事故に遭いそうになりました（遭いました）。このナンジャマース、クガニマースで神々の守りを強めてくださり、ヤナムン、シタナカジは追い払い清めてください」と言いながら、車の周囲に塩を撒きます。特にタイヤはさまざまな不浄のものをくっつけて運んでいると言われますので、タイヤ周りにも塩を撒きます。

使用例④急に肩が重くなった

ヤナムンがくっついてくると肩が重くなると言われます。そういう場合は肩や首筋に塩をなすりつけながら「ヤナムンやお知らせごとは聞くことができませんから、元のところに戻るか知らせるべきところに行ってください」といいます。注意してほしいのが、人間の頭は「チジ」と言い、導いてくれている神様や守っている祖先がいると言われています。頭に塩をかけると味方に塩をまくという失態になるので気をつけてください。

不思議な力を秘めた　米

お米にも塩と同様に、清めの力や幸運を呼ぶ力があるそうです。沖縄において米は、豆や粟などと一緒に神の国から流れ着いたもので、神様から頂戴《ちょうだい》した最強な力を持つと考えられています。洗っていない米（カラミハナ）と洗われた米（アライミハナ）があり、御願セットに必要なものとしてビンシー（木箱におさめられた携帯御願セット）にも用いられます。

屋根を葺く時、「紫微鑾駕《しびらんか》」を祀る時にも塩と一緒に米を供えます。また、お祓いの時に塩や酒と混ぜて撒くこともあります。『源氏物語』にも、出産の時に大量の米を撒いて魔物から母子を守るシーンがあります。米の呪力は沖縄だけではなく他地域でも、古来より信じられてきたものなのですね。

本書の中でも口難はずし（65頁）やまじないなどでお米を使用しています。

お清めに使えます

湧き水や砂

湧《わ》き水や神社の水には清める力があるといいます。特に元日の朝に初めて汲む水を「若水《わかみじ》」といいます。一年の邪気を除き、清める力がある若水を汲むのは男の子の仕事でした。近所の川や井戸で汲んできた「若水」を近隣に配り、ご褒美としてお年玉をもらったそうです。「若水」は神仏に供え、手足を洗って清めたり、ガジュマルの枝葉の束に含ませて敷地内に振りかけてお清めに使いました。家や庭の清めやパワーストーンやアクセサリーのお清めに使えそうですね。

沖縄では定期的に「屋敷の御願」を行い（63頁参照）、土地に力を注入しています。それ以外の時でも、たまには垢を取り除く気持ちで土地の表面の汚れも落とすといいようです。

昔は首里城や玉陵《たまうどぅん》といった神聖な場所では、清めのために久高島から砂を取ってきて撒《ま》いていました。

今でも地域によっては、人の出入りの少ない砂浜の砂や海水を撒くそうです。ただし、海水を撒くと塩害が気になりますので、代わりに清めの砂を販売している神社もあるので相談してみましょう。特に不幸ごとが続く場合によいといいます。

庭に植えたり、鉢植えにして福を呼び込もう
ラッキーパワープランツ

トラノオ（トラノジュー）

黄色と緑のストライプ模様が美しいトラノオは「サンスベリア」という植物です。マイナスイオンを出すとして一躍有名になりましたが、沖縄では昔から床の間に置かれている植物です。遠くまで出かけても必ず帰ってくるたくましい虎にちなんで、沖縄の家庭では好んで飾られるようになったと言われています。上にすうっと伸びる刀のような形も相まって、招福植物として人気があります。水につけるだけで発根し、丈夫で手間もかからずたくさんの株をつけます。葉挿しで増やすと黄色のラインが消える不思議な性質があります。

トラノオ（サンスベリア）

なぎの木

「なぎの木」は御神木として扱われることの多い木です。「平坦な」という意味の「なぎ」は人

生が平坦であってほしいという願いを込めて、家庭でも観葉植物として人気があります。また、葉が簡単にちぎれないことから恋愛のお守りとして用いられたり、客が離れないという意味を込めて商売繁盛の木として人気のある植物です。

松の木

「神を待つ木」ともいわれる松は、神様が天から下りるときの依《よ》り代《しろ》になると言われ、昔から神聖な木として好まれてきました。中でも葉が三つある「三つ葉」を見つけるといいことが続くそうです。特に黄色に変色したものを財布に入れれば金運が急上昇するとか。高野山の「三鈷《さんこ》の松」の三つ葉は有名ですが、他の松でも三つ葉が出現することがあるので注意深く観察してみましょう。

三つ葉の松葉

すすき

すすきは沖縄だけではなく各地で厄除けの植物として用いられ、田畑の入り口や池のほとりにすすきを数本立てて厄除けにする習わしがあるようです。すすきには魔を遠ざけたり、土地に力を湧かせるパワーがあるそうです。指を切るほどの鋭い葉を持つすすきですが、最近は沖縄でも見かけなくなりつつありますから、鉢植えにして一株は持っていてもいいと思います。

月桃《げっとう》

沖縄ではとてもなじみのある「月桃」は「サンニン」の名前でも親しまれています。ムーチー（餅）を包んで蒸した時のスパイシーで独特のにおいは沖縄の冬の風物詩。ムーチーをゆでた汁も魔除けに使え、「鬼の足を焼こうねー」とおまじないを唱えながら庭先や門に撒きます。害虫を防ぐ効果と殺菌作用があるといわれており、家庭にはかかせない注目の植物です。

すすきの寄せ植え

梅雨の頃に白い花を咲かせる月桃

その他の厄除け

水字貝《すいじがい》

殻に六本の突起がある貝で、その形が「水」という字に似ていることから「水字貝」と呼ばれています。沖縄では「ユーナチモーモー」といいます。赤ちゃんの夜泣きやものもらいに困った時にトイレの角に吊《つ》るすといいそうです。また、門や玄関に吊るせば、するどい角でヤナムンを追い払うそうです。貝の裏側にある巻いているところを表にして吊るすのが効果的だとか。

ヒジャイナー

シマクサラシの時に使う「ヒジャイナー（左縒《よ》りの縄）」は結界を張るもの。「縄張り」の言葉通り、縄は「ここから先は侵入してはなりません」という意味があり、左に縒《よ》られた縄はヤナムンの力を萎《な》えさせるそうです。

綱引きの綱

綱引きはそもそも、厄祓いと五穀豊穣を願う縁起ものです。参加者が一丸となって引いた綱には、たくさんの人の心がこもっています。ギネス級の大きさを誇る那覇大綱挽では、綱引き後の綱は「嘉例綱《カリー》」として持ち帰ることができます。五穀豊穣を願う綱引きの綱は商売繁盛グッズとしても人気。

綱引きの綱で作った綱飾り

符札《ふーふだ》

寺社仏閣で求める紙製や木製の札で、呪文や神仏の名前が書かれている厄除けです。紙製の札は屋内用で、窓や入り口、柱に貼ります。木製の札は土地の東西南北の四隅や門の両脇に立てます。部屋の中にお札を祀《まつ》る場合は、自分の背丈よりも高いところの南か東に向けて祀ります。押しピンを使わずのりで貼り、明るく清潔にするように努めましょう。また、札の上にあたる上の階に部屋がある場合には、札の上の天井に「雲」か「天」の文字を書くといいそうです。文字には言霊がついているので、「雲」

の文字を貼れば、上から抑えられているものを遮るという意味に、「天」の文字を貼れば、そこから上は広がる空であるという意味になるのだとか。お札は毎年新しいものに取り替えて、古い札は神社にお返ししましょう。

鏡

古来より、鏡は不思議な力を宿していて、塩や米と同じくらいに場を清めたり厄を祓う力があると言われています。また、井戸を埋める時にも中に鏡を入れる儀式があります。井戸を埋める時は、水の神様を天に上げてから埋めます。実行する前に「ユタ」や「ムヌシリ」など専門の人とよく相談してください。さらに鏡は合わせ鏡にしないこと、寝ている姿を映さないことに注意してください。

はさみ

ヤナムンは先の尖ったものを嫌う傾向にあるので、はさみ等の刃物はヤナムン対策にも重宝するようです。特に赤ちゃんが寝ている時やハチアッチー（初めてのお出かけ）の時は、赤ちゃん用の爪切りばさみなどで構いませんのでお守りにしてください。

その他の縁起物

アバサーの提灯《ちょうちん》

ハリセンボンという魚のことです。フグの仲間ですが、毒はなく、一般的に沖縄ではアバサー汁という汁物にしていただきます。このアバサーの皮を乾燥させて作った提灯は、「ふぐ」に似ていることから「福」を呼ぶ縁起物といわれ、軒先にかけておくだけでヤナムンを追い出し福を招くと言われています。

ブタの置物

豚の置物は特にトイレに置くと良いそうです。沖縄では昔、便所に豚を飼って「ウワー（豚）フール（便所）」と呼んでいました。夜な夜な現れる幽霊を豚の鳴き声で撃退したり、ヤナムンを追い払ったりしたそうです。豚のいるトイレが無くなった昨今、豚の置物でヤナムン対策に最強のトイレを演出しましょう。

生まれ干支のグッズ

身近に生まれ干支の置物を置いたり、持ち歩けば干支の神様から守られるそうです。

財布

よれよれの財布には金運は入ってこないそうです。また、入っている現金より財布の方が高価だと「ヒジュル財布」（冷えた財布）になるそうです。財布のみ持ち歩くのもNG。新しい財布には自分なりの大金を入れて財布に記憶させることで、常にこの金額を保持するように金運が働くそうです。大金運が欲しい時には一〇〇万円をたばねる帯を財布に入れておくといいとか。蛇は昔から金運をつかさどると言います。財布に蛇の皮を入れておくと、金運がアップするそうです。

七福神の絵

七福神の絵を玄関に入って左側にかけておくだけで金運が良くなるといいます。また、初夢に吉夢を見たい時には、枕の下に七福神の絵を置いて寝るといいと昔からのいいつたえです。

パワーストーン

パワーストーンを持っている人が増えており、中には、ブレスレットを二つ三つと重ねている人をよく見かけます。

地球が生まれてから四〇数億年、石は人類が誕生するずっと前から地球のパワーを蓄積しているはずですから、見えない力が潜んでいても不思議ではありません。自分でも気づかない潜在能力を引き出してくれたり、厄を払ったり、金運を上昇させてくれたり、恋愛を成就させてくれるなどの効力があるといわれます。

一般的に知られているのが、水晶は総合運を、タイガーアイは金運を、ローズクオーツは恋愛運を向上させ、ターコイズは旅先での安全祈願に、クジャク石は他人からの口難（65頁参照）を解くなどといわれています。仕事場や玄関にはアメジスト。直感がさえ、仕事運が上昇するそうです。タイガーアイで作った印鑑は銀行印に、ヒスイで作った印鑑は実印にすれば運気が開くと言われます。

パワーストーンを開運に用いる場合には、大きめの原石を常に側に置く方が効力を受けやすいそうで、リビングやダイニング、枕元など、長時間過ごす場所に置くといいようです。特に枕元に置くことで寝ている間にエネルギー注入できるのだとか。また水晶は水場に適しており、水を張った小さな器に水晶を入れ、窓辺におけば龍が舞い降りるそうです。

宝石は取引上の分類として「貴石」と「半貴石」に分けられます。貴石とはダイヤモンド、ルビー、サファイヤ、エネラルドの「四大宝石」で、その他を半貴石といいます。半貴石には、水晶、アメジスト、ターコイズ、クジャク石、タイガーアイなどがあり、いわゆるパワーストーンと呼ばれるものが多いのです。

貴石であるダイヤモンドやルビーは開運力が強く、いわばスーパーパワーストーンです。一方、半貴石は魔除け等、はねのける力の方が強いようで開運力はゆるやかだそう。より運を上昇させたいのであれば、半貴石のアクセサリーをたくさん身に付けるよりも砂粒大でもダイヤモンドの方がいいようです。

いずれにせよ、貴石も半貴石もパワーストーンとして利用するなら、分けて使った方が効果的。両方を持てば「鬼に金棒」かと思えますが、貴石で運をゲットして半貴石ではねのけてしまっては意味がありません。例えば、左手にダイヤをつけていれば、半貴石は右手に移す等、バランスをとりましょう。簡単に言うと、お悔やみの場所では半貴石が活躍しますし、ここぞの時には貴石が活躍するなど、時と場合によって使い分けてもいいかもしれません。

どれを買うか迷った時

パワーストーンと自分との相性がわかる簡単な方法です。

〈方法1〉手にもって熱く感じる人がいます。こういう人は、熱く感じた石が相性のいい石です。変な石だと勘違いしてスルーしないようにしましょう。

〈方法2〉熱く感じない人の場合、利《き》き手とは逆の手に石を持ち、反対の手の親指と中指で輪を作ります。その輪を誰かに開くようにしてもらいましょう。簡単に開けば相性は良くなく、なかなか開かない場合には相性がいい石だと判断します。

パワーストーンの選び方（方法2）

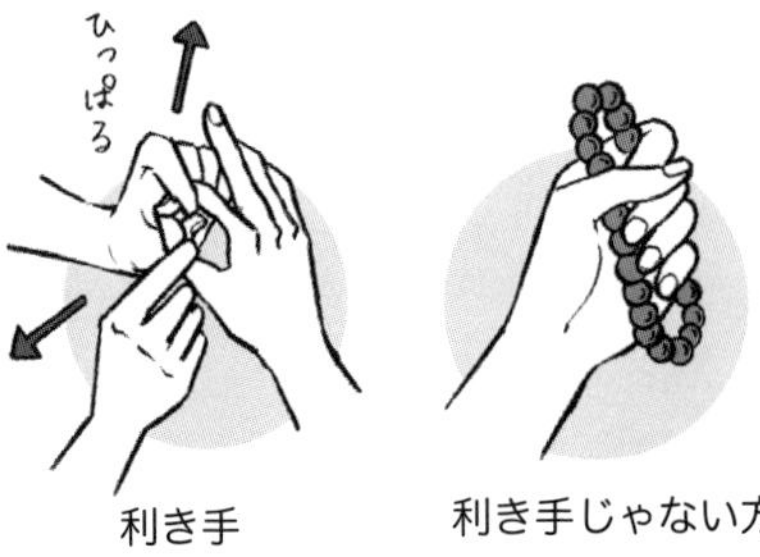

パワーストーンを清める方法

はねたり吸い込んだりと、見えないパワーに常にさらされているパワーストーン。たまにリフレッシュさせてあげましょう。水にさらしたり、月の光や太陽の光に当ててパワーをチャージしてください。太陽が苦手な石もあるので購入した店で特徴を確認してください。おおまかにいえば、貴石は太陽好きな石が多く、半貴石は月が好きな石が多いそうです。

五色のお守り

受験や試合などの大切な時のために、大切なあの人へ心こめて作りましょう。

準備するもの
・色紙　五枚（1金色、2黄色、3緑色、4オレンジ色、5赤色）
・紙
※白、または、合格祈願ならテスト当日の曜日別「七色パワー」色（50頁参照）。試験など複数日の場合には初日の色など
・塩、米　少々
・硬貨（五〇〇円玉　一枚、五〇円玉　二枚、五円玉　二枚）
・紅白の糸かテープ

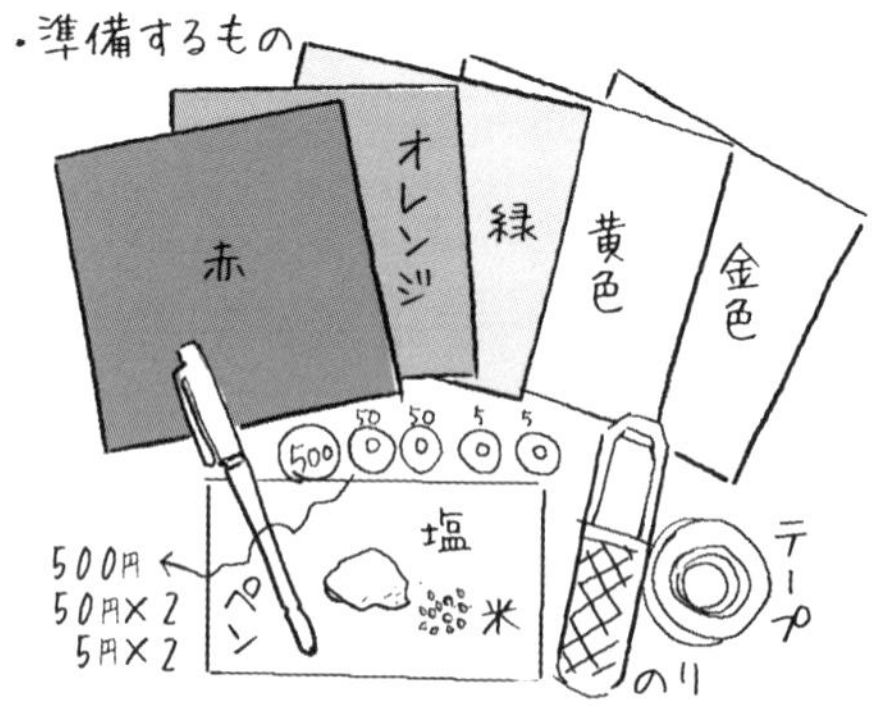

作り方

①色紙五枚を前ページの番号順に下から重ねていき、一番上の赤色紙の真ん中にテストを受ける人の名前を書く。四隅に「合格」「安産」「商売繁盛」などお願いしたい事を書く。

②まず五〇〇円玉を置いて、その上に五〇円玉、五円玉と順に重ね、①の中央に置く。

③別の紙に塩と米を入れて包み、お金と重ねて置く。

④これらを上下左右からたたみ、紅白の糸で止めたら出来上がり。糸がない場合にはテープでも可能です。出来上がったお守りを胸に当てて強く念じます。

お守り出来上がり例

片付ける場合には、紙をはずし、近くの神社にお賽銭《さいせん》としてお礼かたがた報告に行きましょう。

曜日別「七色パワー」

曜日	ラッキーカラー
日	白色 赤色
土	緑色
金	金色
木	橙色
水	桃色
火	水色
月	黄色

色にはそれぞれ得意とする力があると言います。赤をみると興奮し、青だと鎮静するように、人は色によって様々な影響を受けるといわれています。運も色で輝きをもつようです。このような色の特性を使ったのが「七色パワー」です。

一週間のそれぞれの日に合わせた色を身につけるだけで開運に繋《つな》がるというものです。つまり、曜日によって異なるラッキーカラーです。その中でも特に下着が効果増大だそうです。肌は色を感知するといわれ、直接肌に触れるものをラッキーカラーにする事がうまく運ぶカラクリだとか。

七色そろえるのがムリなら、ここぞの勝負の日にその曜日のラッキカラーのパンツか下着をつければいいのです。年配の方ならば指輪や帯締めなど、男性ならネクタイやハンカチでも可。ラッキーカラーを用いる場合には、同じ色でも好印象を与える明るめの色を選んでください。ダークな色は相手に淀《よど》んだ気持ちを持たせるので、勝負時には向きません。

月曜日　黄色

月の色の黄色。黄色は心を開放する色です。また、休み明けのどんよりした心に集中力を与えてくれるそうです。月のように周りを穏やかにする力を授けると言われます。

火曜日　水色

火曜日は火の色のエネルギーを持っているそうです。熱くなる事は時として良いのですが、周囲の人も熱くしてしまいます。カッカッと燃え盛《さか》る心を沈静化するために水色を用います。

水曜日　桃色

週の真ん中の水曜日は、疲れが出てくる曜日です。疲れは病気をもたらします。昔は、病気は魔物が取り憑《つ》くからだと考えられていました。「桃」は「刀」と音読みが同じ「とう」と読むことからか、古来から伝わる魔除けです。また、若返りのホルモンと言われる女性ホルモンを活発にするとも言われています。イライラする心を穏やかにしてくれる効果もあると言われます。

木曜日　橙色《だいだい》（オレンジ色）

大地からのびのびと空を目指して伸びる樹木。木は酸素を作ってくれ、木材として家を形造り、そして実りをもたらせます。木曜日のカラーである橙色は実の色。木曜日に橙色を身につければ、大木に守られているので、なくした自信を取り戻し積極的になり、たくさんの実（成果）をつけるそうです。

金曜日　金色

金色は神様の色です。特に金運をもたらす神様は金色だといいます。この日は、一週間働かせてくださったことに感謝し、お金に感謝する日だといいます。

土曜日　緑色

広い大地を覆う緑は、五穀豊穣の色です。土曜日は叡智《えいち》を養うために、本を読んだり遠出をしたりと、感性に栄養を与える日。これは畑を耕すのと同じこと。良い土には良い作物がなります。また、緑は興奮を抑えて緊張感をほぐしてくれます。

日曜日　白色か赤色

赤色は興奮を促す色ですから気力をみなぎらせてくれます。また、血の巡りを良くし新陳代謝を活発にしてくれるので、日曜日にスポーツをする人には最適な色です。白色は疲れを取り、心をクリアにしてくれます。一週間の嫌なことを流してくれる色ですから、多忙な方のリフレッシュにはぴったりです。

七色パワーは華僑の教え

この「七色パワー」を教えてくれたのは石垣のそのまた小さな島の出身の女性です。その方は生活のために上京し、そこでの貧乏時代に知り合った、あるご婦人に教えてもらったそうです。そのご婦人も人生のどん底から這い上がって来た人で、苦労人同士盛り上がった話題が「開運」。ご婦人の人生がバラ色になったきっかけは、華僑の人から教えてもらった「七色の力」だったといいます。彼女も教示された日から意識するようになり、子供の受験、さまざまな契約など全てにおいてその日のラッキカラーを身につけたそうです。気がつけば、自宅の他にアパート数軒、別荘まで持つようになったと言います。お金に不自由なく暮らせるようになった今も常に感謝の気持ちを持ち続け、地道にボランティアを生きがいにしているそうです。

食べて開運 開運メシ

沖縄では食事のことを「クスイムン」（薬のようなもの）と表現します。健康な体を作るためには、体に良いものを選んで食べること。「医食同源」の思想です。沖縄のお年寄りは「ごちそうさま」の代わりに「クスイナタン」（薬になった）と言って箸を置きます。

沖縄の郷土料理は、沖縄のさまざまな年中行事に欠かせないメニューとなっていたり、祝宴には欠かせない開運料理として、現在にも引き継がれています。

神仏へ感謝の気持ちをこめて詰めた重箱

ウサンミー（御三味）

シーミーや盆、法事、お正月、お祝い行事などに欠かせない重箱料理を「ウサンミー」といいます。漢字では「御三味」と書き、中国から伝わったお供え料理「御三牲」（さんせい）が沖縄風になまったものです。「御三牲」は、神仏にささげた「豚」（地のもの）、「鳥」（空のもの）、「魚」（海のもの）のことで、四角い重箱に詰めるしきたりは日本由来です。

内容はカステラカマボコ（卵の入った黄色いカマボコ）、赤カマボコ、揚げ豆腐、三枚肉、結び昆布、ごぼう、田イモ、こんにゃく、てんぷらなど。祝い事では、これらを奇数になるように詰めます。その理由は奇数が縁起がいい数字とされているからです。

カリー（お祝い）の席に欠かせない
イナムドゥチ

「イナムドゥチ」は「猪《いのしし》もどき」の意味。その通り、昔はイノシシの肉を使っていたそうです。現在は、三枚肉とロース肉、椎茸、こんにゃく、カステラカマボコを短冊に切り、甘い白味噌で仕立てた豚だしの味噌汁です。結婚式や正月などの祝い膳には欠かせない存在です。けがれの無い白味噌に縁起のいい具を入れることから、祝い膳に選ばれたと言います。

子孫繁栄、商売繁昌を願う
田イモ料理

田イモは親イモの周りに子イモがたくさんつくことから、子孫繁栄の縁起作物とされてきました。

特に正月や結婚、出産お祝いには欠かせない食材です。

田イモ揚げ…長方形に切った田イモを油で揚げ、すぐに砂糖醤油にくぐらせる。油で揚げて甘辛い味付けをほどこすため日持ちがよく、見た目も美しい料理。

ドゥルワカシー…田イモとムジ（田イモの茎）、豚肉、椎茸、カマボコをさいの目に切りラードとだし汁で練って、塩で味付けした料理。

ムジ汁…ムジや豚肉、豆腐の入ったみそ汁。出産祝いの料理

ターンムディンガク（田イモの田楽）…茹でた田イモに砂糖を加えて練った料理。正月などのハレの日に料理の最後に出されます。

地、海、空の恵みが一品に

セーファン

炊きたてのご飯の上に茹でた鶏肉、人参、高菜、椎茸、カマボコ、薄焼き卵焼きを千切りにして放射状に並べて、その上にカツオだしをかける一品に地、海、空の恵みが詰まった料理。奄美の郷土料理として有名ですが、四方八方の神々から放たれる光を表現するように、美しく盛りつけるのがコツ。

妊婦のお腹を表現？

カタハランブー

「カタハランブー」は「片方が重くなっている」と言う意味。小麦粉をカツオだしで溶き、塩味で味付けした生地を用います。片方に生地を偏《かたよ》らせ、もう片方は薄く扇のように広げて油で揚げる料理。シンプルなようで熟練したコツが必要な料理です。末広がりに子孫が広がるように、妊娠中も健康で安産でありますようにという願いをこめた料理です。結納や結婚式、子供の出産などに出される縁起料理です。

宮中のおやつ

チールンコウ

ふんだんに卵を使った蒸しカステラです。赤く染めた落花生にきっぱん（柑橘の皮の砂糖煮、オレンジピール）をまんべんなく散りばめた甘いお菓子です。黄色の生地に赤い落花生とオレンジ色のきっぱんが宝石のよう。甘い中にもきっぱんのさわやかな風味がおいしい開運スイーツです。黄色は高貴な色とされ、金運を運ぶと人気のある色。お祝いの引き出物に利用される菓子でもあります。

笑う門には福来る
サーターアンダギー

中国の縁起菓子「開口笑（かいこうしゃお）」がサーターアンダギーになったそうです。チューリップのような形の丸い揚げドーナツで、油の中でくるくると回りながらはじけるように開く姿を「笑う」と表現します。口を開けて笑うお菓子は、お祝いには欠かせません。

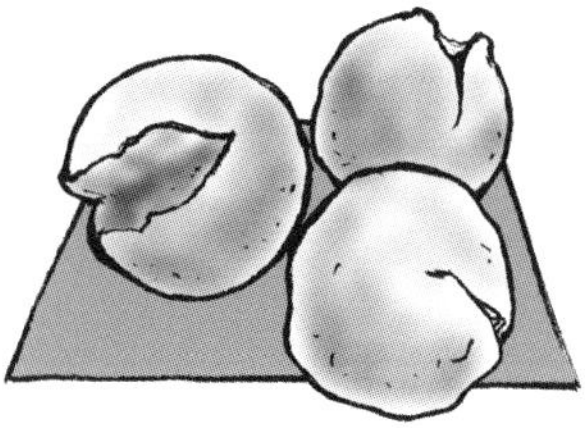

3、知っていればさらにパワーアップ

沖縄の年中行事の中にはヒヌカン（火の神）の行事や仏壇事などさまざまな行事があります。その他に厄年の厄祓いのためのトゥシビー御願や、屋敷を清める「屋敷の御願」など、その時々に行われるものもあります。これらの伝統的行事は地域や家庭によってその方法ややり方には違いがあるようです。

また、あまり耳にしたことがないかもしれませんが、「口難《くちなん》はずしの御願」というものがあります。これは他人のねたみなどをはね返すという御願で、他人と関わることなので慎重に行わなければなりません。ただ、困った時に迷い道からの脱出法になるかもしれません。

その他、土地を売買した時の御願や木を伐採する時に気をつけることなど、どれも知っていれば役に立つ方法がいろいろ紹介。

厄年の厄祓い

一般に厄年は数え年で男性二五歳、四二歳、六一歳。女性一九歳、三三歳、三七歳。他にも男性は八の倍数、女性は七の倍数ともいわれています。

沖縄ではそれらよりも重要視しているのが「生まれ年」。「トゥシビー(年日)」です。

このトゥシビーには男女の差なく平等に災厄があるといわれ、特に慎重を期すトゥシビーが数え年四九歳の「ククヌツ　グンジュウ」。この年は大きな病気をしがちだそうです。沖縄では、この厄年を家族や仲間ら皆で分かち合うと言う意味で「トゥシビー祝い」を行います。大勢で祝うことで「厄」を「薬」や「躍」に変えると言われています。「厄」が巡ってくることで引きこもるのではなく、今までの自分を振り返り健康のありがたさ、周囲の人への感謝、これからの生き方を考える年という姿勢で「トゥシビー」を乗り切りましょう。

また、六一歳の還暦は「まだ若い」という事でお祝いを避ける人もい

沖縄の厄年（トゥシビー）

数え歳	13歳	25歳	37歳	49歳	61歳	73歳	85歳	88歳	97歳
満	12歳	24歳	36歳	48歳	60歳	72歳	84歳	88歳	96歳

るようですが、還暦こそお祝いをするべき「トゥシビー」です。恥ずかしがらずに厄祓いしましょう。

「厄」と一口に言ってもその種類はいくつかあります。大体が「トゥシビー」の前後の年です。

①八方ふさがり

「八方ふさがり」は、運勢のどこを向いても逃げ道が無いので、その年は健康に留意し、周囲の和を尊び、新しい事を起こさないのがベストだそうです。

②黒星

明るく照らす光があれば少し視界が広がるので、逃げ道があるそうです。しかし、二番目に大きな厄なので、健康に留意し事故に巻き込まれないようにすること。他人からの悪影響が多くなるので人との付き合いにはお金をからませないように注意しましょう。

③厄

生まれ年のことで、生まれ干支の日にヒヌカンにお線香十二本三本とウブクで健康祈願しましょう。トートーメー（仏壇）にも果物や菓子を供えて「守ってください」と報告しましょう。家族でごちそうを作って厄祓いとお祝いをかねて健康祈願パーティーをする家も最近では増えてきました。

④ハリ厄

厄が晴れる年の事。まだ、若干の黒い影の影響があるそうなので、引き続き注意しながら生活してください。この年が過ぎたら、首里十二カ所（118頁参照）に感謝回りをするといいです。

マドゥトゥシビーウガン

今年が生まれ年でない人も、年が明けて一月二日〜一三日の間にヒヌカンと仏壇に健康祈願をします。干支は年だけでなく日にも充てられていますので、毎日の干支が書かれている暦を参考にその干支の日に行います。

普通は赤うぶく（赤飯）と果物をお供えして、十二本三本の線香をあげながら健康願いをします。詳しくは年配の方に聞くか、御願の本を参考にしてください。

線香　12本3本
(6本+6本+3本)

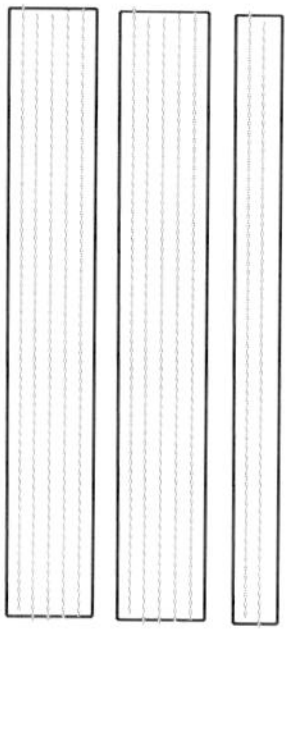

屋敷《やしち》の御願《うぐゎん》

屋敷の御願とは一年に三回行われ、それぞれに意味合いがあります。詳しいやり方などは年配の方に教えてもらうか御願の本などを参考にしてください。

二月の屋敷御願　旧暦2月1日から10日の間（タティウグヮン）

家と土地の神様に今年上半期の成功と健康を祈願します。土地に力をつける意味もあります。神様に感謝を捧げることで、土地が輝くといわれます。力を注入するという意味も込めて、北↓東↓南↓西と時計回りで廻ります。

八月の屋敷御願&シバ差し　旧暦8月10日～2週間の間

今年中盤の屋敷内のお清め、そして一年も後半戦に入るので、残りの半年の健康祈願と安全祈願を行います。屋敷内を清めた後は、清めた後のしるしとして、これ以上霊が侵入しないように大きめのサン（柴《しば》）を差して結界を張ります。

十二月の屋敷の御願　旧暦12月中旬頃〜24日（シディガフウウグヮン）

屋敷内の神々に一年の感謝を込めた御願を行います。ウガンブトゥチ（御願解ち）も一緒に行う場合には、一年の御願を解くという意味で、反時計回り、北→西→南→東→北の順に回ります。

ウガンブトゥチは、「願いを解く」「願いを下げる」いう意味。人々が願いばかりしていると神様もご苦労が多いので、いったん全ての祈願を解き、ニュートラルな状態で新年を迎えるという意味があります。今年の願いは今年のうちに叶えるように努力しましょう。

口難《くちなん》はずしの御願

「口難」とは

生きていれば、何かとねたみを受けたりうらやましがられたり、あるいは悪口を言われるといったことがあります。自分で一生懸命に努力をして得られた結果なのに、他人はそういう努力を評価するどころか、悪評をもって陥れようとしたりします。あまり聞き慣れない言葉かもしれませんが、これを沖縄では「口難」といい、他人から受けた口難は不幸を招いたり、体調不良として現われることがあります。

ただし、この口難を受けた人がそれに気づいた時は、口難を出した人に倍になって返ってくると言います。ただ、本人に返るならまだいいのですが、子どもや家族に災いが返ってくることもあるというので、悪しき心は持たぬ方が賢明です。

しかし、「負」の感情は抑えられないもの。もし覚えの無い口難がかけられた場合の対策を先人たちは残してくれました。

◇こんな場合は「口難」を受けているかも

①仕事が順調、恋人ができた、試験に合格した、人に褒められたなど、最近良いことが続いている場合。
②商売をしていたり、就職した、家を造った、財産を得たなどして成功した場合。
③視線を感じたり、友人がよそよそしくなった場合。
④何をしてもうまくいかず体がだるかったり、やる気が出ないなど体調に異変が出た場合。

口難はずしの方法

●対策1（初級編）日々の御願でヒヌカン（火の神様）に祈願する。

沖縄では多くの家庭の台所にヒヌカンが祀られ、旧暦の一日、十五日など日頃から家族の健康や安全などを祈願しますが、そのヒヌカン（火の神様）に「**口難を受けることはできないので、出した人に返して、よい口に代えてください。万人と和を持って暮らすように私も努力します**」と祈願します。

●対策2（中級編）フール（トイレ）の神様の力を借りる方法

フールの神様（157頁参照）は善悪を選り分けてくださると言われています。悪いモノはマジムンであろうが、幽霊であろうが、口難であろうが、ただちに消し去ってくださるそうです。フールの神様のおられるトイレで口難をはずす方法で、時間は夕方に行います。

【準備】

塩、米、酒を小盆にのせて便器の前に置く

＊ビンシーは使用しないでください

器（ボウルなど）

【手順】

①準備したものを便器の前に置いて、前に正座する。便器はきれいに掃除してふたは開けておく。

②次のようにグイス（祝詞）を唱えます。

「**サリ、アートートゥ、ウートートゥ。（住所を告げ、生まれ干支と名前を言う）。何にも増し**

便器の前に塩、米、酒を置く

て優れたフールの神様、私に口難が入って来ているようです。これからは、和を持って暮らしていきますので、他人からのねたみや悪口、私に対する悪い心はこのフールから流してください。私も日々、他人に対して悪く思ったり、陥れる気持ちを持たないように努力しますので、口難は良い口に代えてください。私も良い心で相手を迎えます。ウートートゥ」

③左手で塩、米、酒をつまみ、かみて（おしいただいて）から便器に入れて流します。

④酒でウビナディ（酒に浸した中指で額《ひたい》を三回なでる）をして塩をつむじに擦り込みます。これには清める意味があります。

⑤残りの塩、米を器に入れて中に酒を入れます。それらを持って玄関に移り、ドアを開けて「口難は受けることができないから出した人に返す！」といって勢い良くぶちまけます。「この戸を入るものは良い心しか通さない」と唱えながら、ドアを閉めます。

※人に見られないようにするのが肝心です。

●対策3（上級編）ヒヌカン（火の神）を通して御願する

何度も口難を受けて体調が思わしくなかったり、夢見が悪い場合などに、ヒヌカン（火の神様）を通して「口難はずし」の御願を行います。この場合は線香を使いますが、口難をかけた相手に強く返らないように名前は伏せるといった余裕は欲しいものです。ビンシーは使用しないでください。夕方に行います。

【準備】
線香　十二本三本（十五本）を三組
線香　十二本三本二本（十七本）を一組
アルミホイル

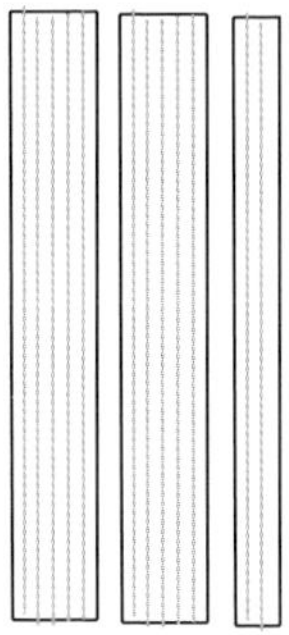
線香　12本3本
（6本＋6本＋3本）

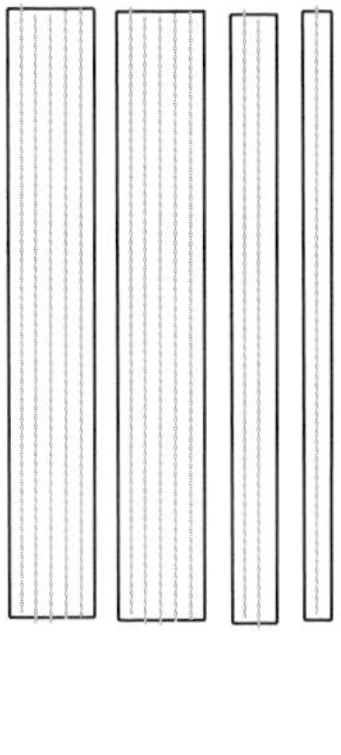
線香　17本
（6本＋6本＋3本＋2本）

【手順】

①十二本三本の三組をヒヌカン（火の神様）の香炉の後方に並べて立てる。
「**サリ、アートートゥ、ウートートゥ。（住所と干支と名前を言う）。これから口難解きの御願をしますので、私に入って来た口難を解いて、これからは良い口に代えてください**」と言います。

②手前に線香十二本三本二本（計十七本）を立てグイスを唱えます。

③火のついたままの十七本香分を抜き、香炉の上で左回りで回し、アルミホイルにのせます。十七本香分の上に、火の神様に供えてある塩、米をかけ、次に酒と水をかけます（火が消える）。

④十七本香分の線香をアルミホイルで包みます。

⑤④を家の裏の、人に見えない場所に相手の家の方角に向けておき、振り向かずに家に入ります。翌日ゴミとして処分します。

うちゃいこーちゃい御願（土地を売買したときの御願）

土地の神様とは

家造りは縁起づくり。家を購入したり引っ越すということは、どんな事情があるにせよ一大イベントでお祝いごとです。でも、忘れてならないのは、土地には神が宿るということ。

そもそも沖縄では、土地には神が宿っているといわれています。どんなに長期ローンを組んで購入しようが、そもそもの地主は土地神であり、私たちは住む土地を神様からレンタルしていることになるわけです。そして、家を建てるために境界を張れば自然発生的に神が生まれてくるそうです。塀一枚隔てた隣家と運勢が異なっているのは、管轄する神がそれぞれ異なるからです。

つまり、土地や家を求めるということは、神様の宿る場所を造るということでもあり、昔から、土地売買や引っ越しの験担《げんかつ》ぎは重視されてきました。

また、土地には今までの歴史があり、さまざまな記憶が残るといいます。沖縄は第二次世界大戦の激戦地であったため、都市伝説のように「人が住めない土地」と噂される場所があります。

しかし、人類創世来、命は土に還るものです。命が滅した記憶のない土地があるものでしょうか。

土地の記憶をニュートラルな状態にして磨きをかけるのが、「うちゃいこーちゃい御願」です。

　土地を買うということは前の持ち主がいたということです。昔は、土地を手放す時にはご先祖様に理由を述べて報告した後、土地の神様に「除名御願」をしてから手放したといいます。でも、今は手放した土地にわざわざ御願をする人は少ないようですので、土地を購入する際には前の持ち主の遺留物（念）を片付けるのです。前の持ち主の先祖や土地神様からのお知らせごとや、そしてそれらから「アンタ誰？なんで他人の土地に家を建てるの？」など不法侵入者扱いされないように、いわばあの世の役所へ土地売買の登記御願をするのです。これが「うちゃいこーちゃい（売ったり買ったり）御願」で、「土地（家《やー》）むとぅめたる御願」などとも呼ばれます。

うちゃいこーちゃい御願の日時

・主の生まれ干支を避けた御日柄のいい日

・干潮を過ぎて三十分ほど経過した時間帯（潮が満ちてくるころ）

【準備】

■自分用

・ビンシーセット（お盆にビンシー、ウチャヌク〈餅〉、果物）

・線香十二本三本を三組、白紙（クバンチン）三組
■前の持ち主用
・仮ビンシーセット（お盆にウチャヌク〈餅〉、果物、酒、塩、米、水、杯）
・線香十二本三本、白紙（クバンチン）三組
■器（ボウル）
＊酒や米や塩は多めに持参
＊白紙は習字紙を三枚重ねて四等分にしたもの。神様のお金や書類といわれている
＊線香に火をつけるときは引火に気をつけましょう。

【手順】
①朝、火の神様に報告をする。
②土地の中央に座り、東か南に向かって準備してきたものを平行に並べる。白紙（クバンチン）はビンシーの前に置く。

前の持ち主用仮ビンシーセット

自分用のビンシーセット

③まずは、前の持ち主の土地登記を外します。大きくかしわ手を二回打ち、次のようなグイスをとなえます。

「サリ、アートートゥ、ウートートゥ。優れた○○番地の◎坪の土地においでなさいます神々様、この度、○年生まれの◎◎が◇▲不動産よりたくさんのお金を出して（金額を言った方がいいそうです）購入しました。この素晴らしい土地と縁を結んでいただきありがとうございます。これからは前の持ち主（名前が分かれば言う）の登記から私どもの登記に替えてくださり、前の持ち主からのお知らせごと、不足のかからないように入れ替えてくださいませ。これからは、私どもの家族で大切に黄金屋敷、白銀屋敷として磨き輝かせていきますのでよろしくお願いいたします」

④前の持ち主用の仮ビンシーから塩や米をお酒を白紙（クバンチン）につまみかけ、お水とお酒をかけます。塩や米や水のかかった白紙（クバンチン）を一つにまとめ、左回りに三回、回します。それらをビニール袋に入れると、前の持ち主の所有登記は外れたことになります。

⑤次は自分の登記をします。次のようにグイスをとなえます。

「サリ、アートートゥ、ウートートゥ。優れた○○番地の○坪の土地の神々様。今日は◎年生まれの○○が新しくこの土地を買い求めた御願に来ました。どうぞ私どもの登記に入れ替えて

くださり、他所からのお知らせごとの無いようにしてください。天の神様、地の神様、十二支の神々様、竜宮の神様の戸籍に、これからはこの土地は私どもの土地として登記してくださいますように。黄金屋敷、白銀屋敷に光り輝かせてください。この土地にすむ私たちは笑い福々生活し、周りと和を持って暮らしていきます」

⑥自分のビンシーから塩や米、酒、水をとり、白紙（クバンチン）にかけてから一つにまとめて今度は右回りに回し、しばらくは土地に置いておきます。白紙（クバンチン）は二〜三日経ってから片付けましょう。

⑦塩と米をボウルに入れ、酒を注いで東→南→西→北の順にまき、土地全体にも撒《ま》いて清めます。

※中古マンションを購入したときも部屋で同じことをします。時と場合により無理をして線香に火はつけなくてもいいそうです。

御願する時の向き

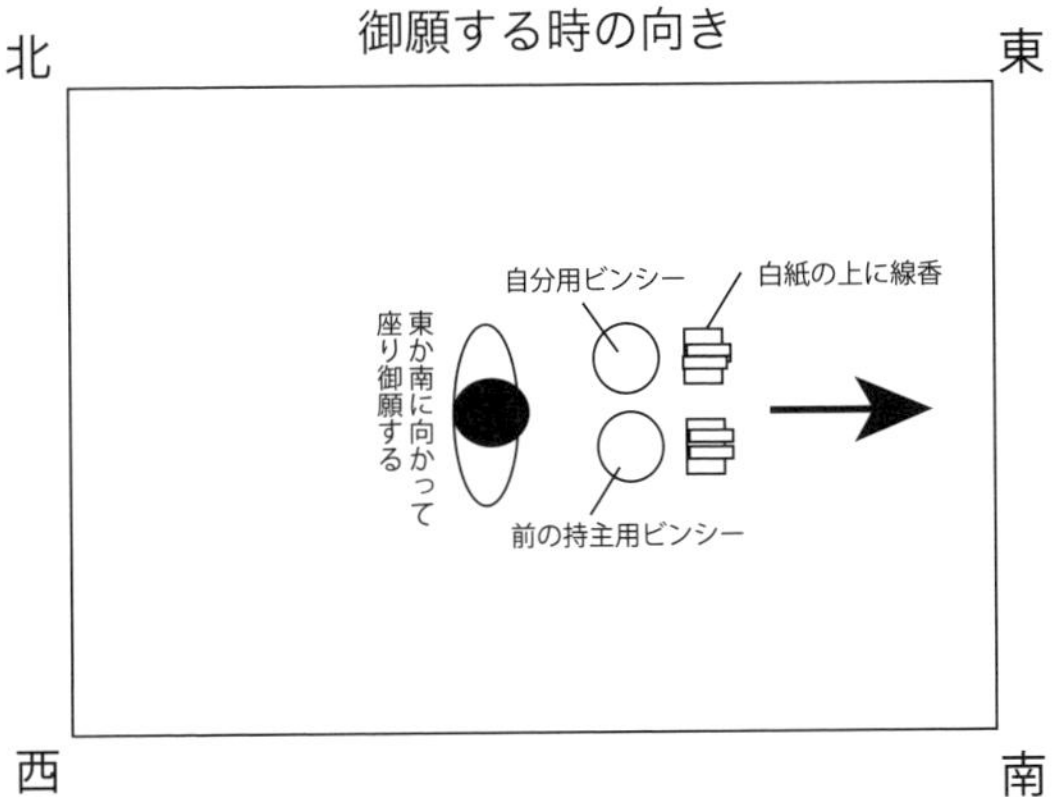

木を伐採したい時

屋敷内でも木が邪魔だからと簡単に伐採すれば、木の精が怒るのは当然。植物は人間と同じ生命体です。話さない、動かないからといって簡単に切ってしまうと行き場を失った木の精はオロオロするそうです。木は人間を守っているという意識があると言います。しかし、狭い敷地で大きく生長した木は危険な場合もあり、やむなく伐採する場合もあります。そんな時には、木の精に御願をして、移動してもらってから伐採します。

①酒と塩、線香を準備。(酒は木の大きさによって量が変わります。木が大きければ二升を用意)
②線香十二本（二枚）を木の株に置き、木を移動（伐採）する理由を述べます。
③水を掛け、酒を木の周囲にかけます。
④斧を二〜三回、幹に振りかざします。
⑤くぎを幹に打ち込みます。
⑥枝を一本取り、鉢か別の場所に刺します（挿し木で復活の意味もあります）。
⑦しばらくしてから木を切り倒します。切った跡には塩を撒《ま》いて清めます。

その2

おきなわ開運スポット

さあ、開運スポットに出かけよう!

おきなわ開運スポットとは?

〈開運スポット〉とは、特定の場所や物に触れることで心が穏やかになったり、清々しくリフレッシュでき、やる気が起こるなど、幸せへと導いてくれる力を得られるような場所をいいます。いま流行りの「パワースポット」も、同じ意味です。

沖縄に癒しやパワーアップやご利益を求めにくる人が年々増えているといいますが、沖縄では、古来より、土地や石や木や水には魂が宿り、大小の差はあれどさまざまな力を持っていると考えられてきました。そしてそれら自然を崇拝し畏《おそ》れながらも、上手に共存しバランスを取りながら日々の営みを続けてきました。ひょっとすると、沖縄の人々は、島々に力を注ぎ入れる神々とのやりとりが上手なのかもしれません。

沖縄の御嶽《うたき》と拝所《はいしょ》

心が落ち着き、悩みが消え、力がみなぎってくる。そんな沖縄のご利益スポットを紹介します。

沖縄には「御嶽」「拝所」と呼ばれる場所が各地にあります。それらは沖縄の神話の地であったり、村の鎮守の森、川や泉、石や巨岩、伝承の発祥の地であったりします。御嶽は神様がそこにいらっしゃったり、あるいは来訪される神聖な場所です。その多くが男子禁制とされ、地域や家庭を守る女性が主に手を合わせてきました。最近では時代の変遷とともに、男女の区別なく誰でも自由に御嶽に入ることができるようになりました。

本書ではそのような御嶽や拝所の他に、お寺や神社なども含め、比較的一般の方も行きやすい場所を掲載しましたが、聖地では服装や行いにも気をつけ失礼のないようにしたいものです。次ページの「開運スポット心得」を参考に、パワーアップやご利益を求めてスポットを訪問してみましょう。

拝所や御嶽、神社仏閣の参道は神々が歩く場所で、聖地。参道を歩く時には、入り口で一礼してから隅を歩きます。拝所や御嶽は神々のテリトリーです。そこにずかずかと入っていけば、無礼者だとお咎《とが》めを受けてしまいます。悪意はなく、目的を報告してから入るのが礼儀です。「(土地からの障《さわ》りの無いように) 肝《ちむ》ぢゅらく　歩《あっ》かちくみそーり（心安く歩かせてください）」と唱えながら進むといいでしょう。

開運スポット心得

其の壱　おきなわ開運スポットは必ずしもお供え物が必要ではありません。賽銭箱があればお賽銭を気持ちの分だけ入れ、供物を捧げてもよいでしょう。ただし、供物を放置すると腐敗したり動物によって荒らされることになるので、祈願が済み次第片付けましょう。

其の弐　おきなわ開運スポットは、己の足りない力を神々が見抜いて補ってくれるところ。自分の祈願と相反することもあるかもしれませんが、それは神々が判断したこと。いつか己の理想と繋がることになるかもしれないので、早急に諦めないこと。

其の参　おきなわ開運スポットで見事祈願達成になった暁には、お礼を述べにくること。これは、お世話になった人には礼をつくす人間社会のマナーと同じです。

其の四　おきなわ開運スポットでは他人の祈願を邪魔しないこと。大声を出したり、陰口を言うと己の祈願が帳消しになることも。混んでいても割り込まずに譲り合い、順序を待つこと。神々は入って来たときから見ています。

其の五　おきなわ開運スポットでは砂粒一つ、葉一枚持ち帰らないこと。神々の領域であり、侵犯したものには罰則があるのはこの世のルールと同じです。

其の六　おきなわ開運スポットでは誠と偽りをすぐ見分けられるといいます。他人を陥れるような祈願は己や家族に帰ってくるので、ポジティブな祈願をし、感謝の気持ちを持ちましょう。開運スポットは己を鍛える場所でもあるのです。

其の七　おきなわ開運スポットではお願いする立場を忘れてはなりません。身だしなみを正し、上司の前に出る気持ちと言葉遣いを心がけましょう。

「神畏りーしーねー　物習れーぬ元」（神様を恐れる事は、社会を学ぶ事と一緒である）

沖縄開運スポット地図
（数字は掲載頁）

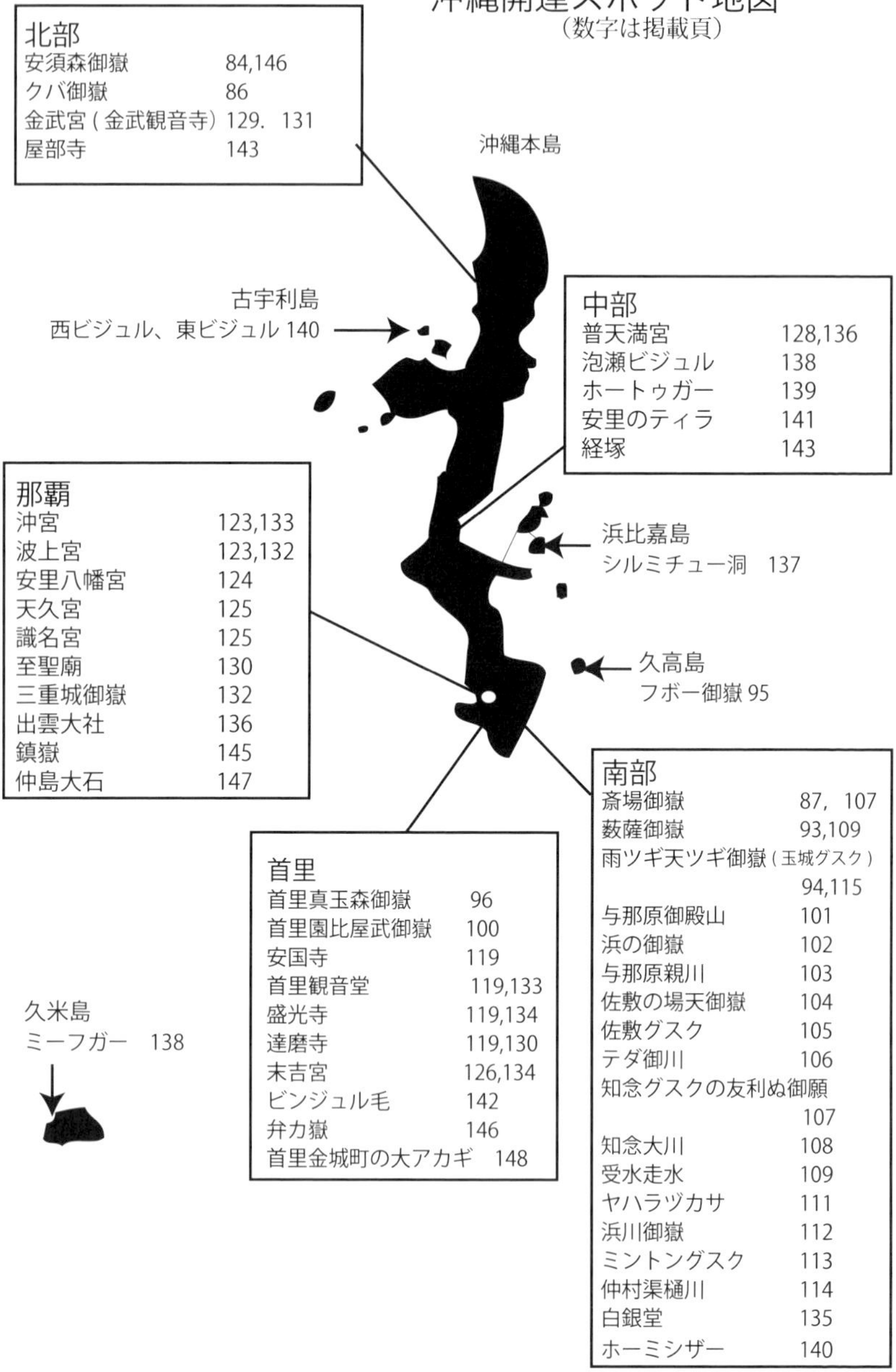

北部
安須森御嶽 84,146
クバ御嶽 86
金武宮（金武観音寺）129．131
屋部寺 143
沖縄本島
古宇利島
西ビジュル、東ビジュル 140
中部
普天満宮 128,136
泡瀬ビジュル 138
ホートゥガー 139
安里のティラ 141
経塚 143
那覇
沖宮 123,133
波上宮 123,132
安里八幡宮 124
天久宮 125
識名宮 125
至聖廟 130
三重城御嶽 132
出雲大社 136
鎮嶽 145
仲島大石 147
浜比嘉島
シルミチュー洞 137
久高島
フボー御嶽 95
南部
斎場御嶽 87，107
薮薩御嶽 93,109
雨ツギ天ツギ御嶽（玉城グスク）94,115
与那原御殿山 101
浜の御嶽 102
与那原親川 103
佐敷の場天御嶽 104
佐敷グスク 105
テダ御川 106
知念グスクの友利ぬ御願 107
知念大川 108
受水走水 109
ヤハラヅカサ 111
浜川御嶽 112
ミントングスク 113
仲村渠樋川 114
白銀堂 135
ホーミシザー 140
首里
首里真玉森御嶽 96
首里園比屋武御嶽 100
安国寺 119
首里観音堂 119,133
盛光寺 119,134
達磨寺 119,130
末吉宮 126,134
ビンジュル毛 142
弁カ嶽 146
首里金城町の大アカギ 148
久米島
ミーフガー 138

1、琉球開闢七御嶽《りゅうきゅうかいびゃくななうたき》

沖縄主要御嶽は、沖縄の伝説上の始祖と言われる「アマミキヨ」が天命によって沖縄本島をつくり、そこに九つの聖地と七つの森を作ったのがはじまりだといわれています。そのうち七つの森を琉球開闢七御嶽といい、沖縄で最も神聖な御嶽です。

沖縄を守護する神様を「君手摩《きみてずり》」（または「キンマムン」とも）といいます。君手摩は、その昔、琉球国王就任に際して安須森に現れ、五つの御嶽を巡回した後、首里真玉森《しゅりまだまむい》に現れたといいます。

1　安須森御嶽【国頭村辺戸】
2　クバ御嶽【今帰仁村　今帰仁城内】
3　斎場御嶽【南城市知念】
4　薮薩御嶽【南城市玉城】
5　雨ツギ天ツギ御嶽【南城市　玉城グスク内】
6　フボー御嶽【南城市知念　久高島】
7　首里真玉森御嶽【那覇市首里　首里城内】

安須森御嶽《あすむいうたき》【国頭村辺戸】

琉球開闢七御嶽①

安須森は、沖縄本島の最北端、辺戸《へど》岬の近くにある約二億年前の石灰岩層が隆起してできた岩山で、槍のような巨岩が天を突き刺すように乱立している世界最北の熱帯カルスト地形です。その頂上にあるのが安須森御嶽。さまざまな成分を含んだ岩から放出される力は圧巻。ここは地球のパワーを実感できる場所です。

安須森御嶽までは険《けわ》しい岩面を鎖やロープを伝って登ります。登頂にある対になった小さな祠《ほこら》が御嶽です。途中にウトゥーシ（お通し、遥拝）できる遥拝所「黄金森《くがにむい》」がありますから、体力に自信のない方はウトゥーシ御願で。国の繁栄、五穀豊穣、航海安全、長寿を祈願した場所です。琉球の国王は、健康と長寿の力を秘める正月の「若水」に安須森の湧き水を利用していたそうです。

安須森御嶽に隣接するスポット「大石林山《だいせきりんざん》」では安須森で採れた石を販売しています。二億年分の地球のエネルギーを身近に置ける

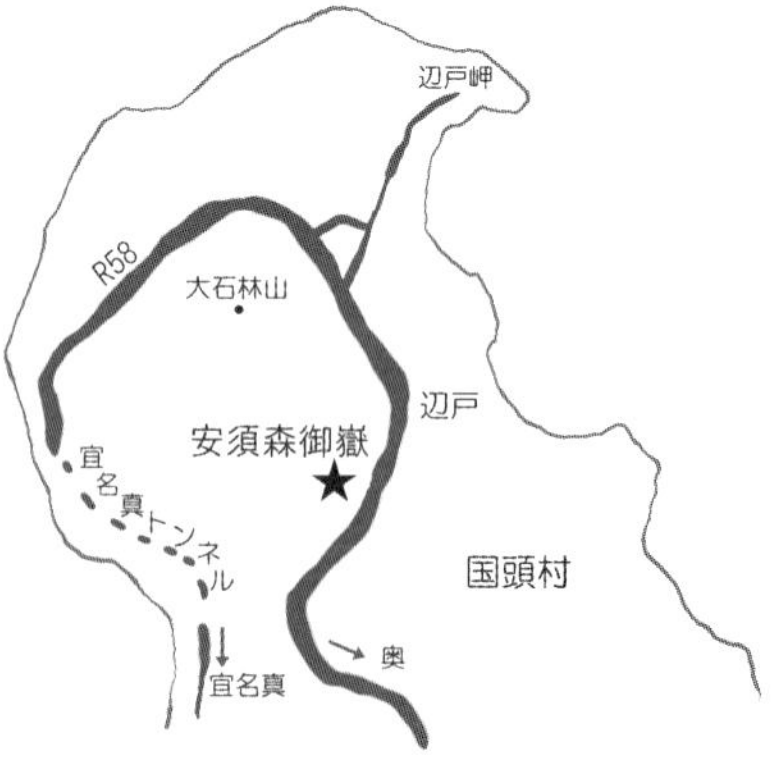

珍品です。家の中で暗く感じるところか、逆に東の陽が当たる窓際に置くと、太陽の力で増長され開運につながるそうです。
＊安須森の石は無断で持ち帰らないでください。

大石林山で販売されている安須森の石
大石林山は四つの散策コースがある自然公園です

クバ御嶽《うたき》【今帰仁村　今帰仁城内】

琉球開闢七御嶽②

今帰仁城趾に向かって西側の森がクバ御嶽で神名は「ワカツカサノ御イベ」。森全体が聖域になっている広大な御嶽です。クバ御嶽の名前は、神が天から下りてくるときの依《よ》り代《しろ》になるクバの木が多いからだそう。ここも男子禁制だった場所で、女性であるノロとそのお伴《とも》しか拝礼できない、位の高い御嶽です。

また、クバ御嶽から西に下る坂途中に大きなリュウキュウマツが立っており、その下に「プトゥキヌイッピャ（解き岩屋）」と呼ばれる洞窟があります。そこは子授けのご利益があり人気のスポットだそうです。

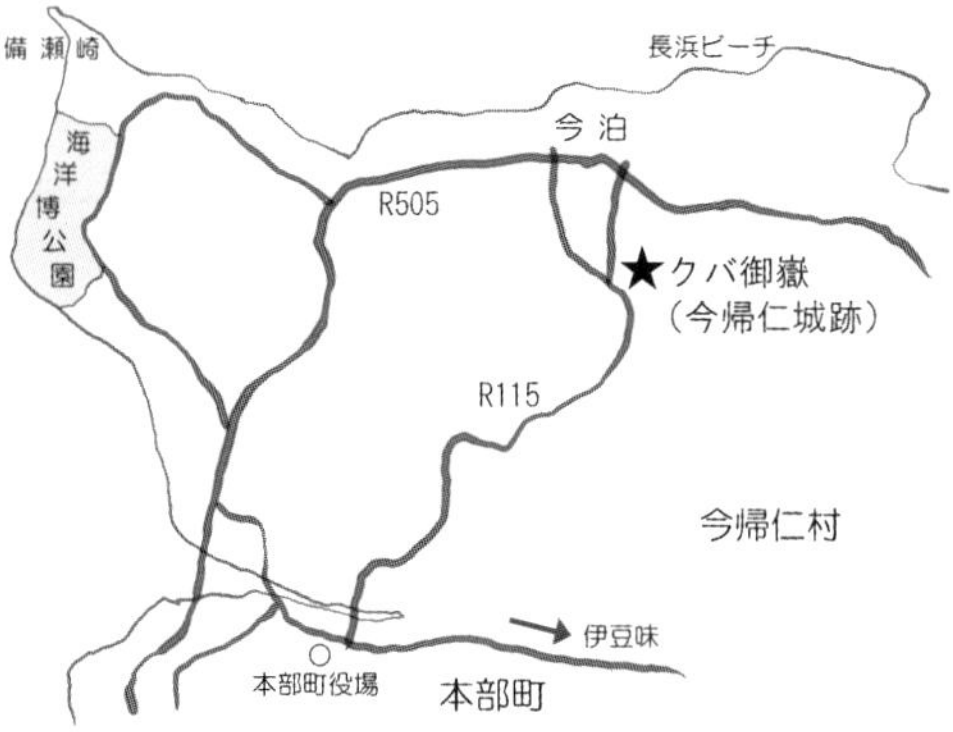

琉球開闢七御嶽③

斎場御嶽《せーふぁーうたき》【南城市知念字久手堅】

沖縄最高峰の聖地で神名は「君が嶽主が嶽御イベ」。

「琉球王国のグスク及び関連遺産群」の一つで世界遺産に登録されている御嶽。久高《くだか》島へ遥拝するお通し御嶽として、また聞得《きこえ》大君《おおきみ》（琉球王国の最高神女）のお新下り《あらおり》（就任の儀式）が行われたそうです。

斎場御嶽は他の御嶽以上に男子禁制の場所で、木々の伐採などでやむなく男子が御嶽内に入る際は、入り口である「御門口《うじょうぐち》」で女性着のように左合わせにして女装するほど厳しい決まり

斎場御嶽見取り図

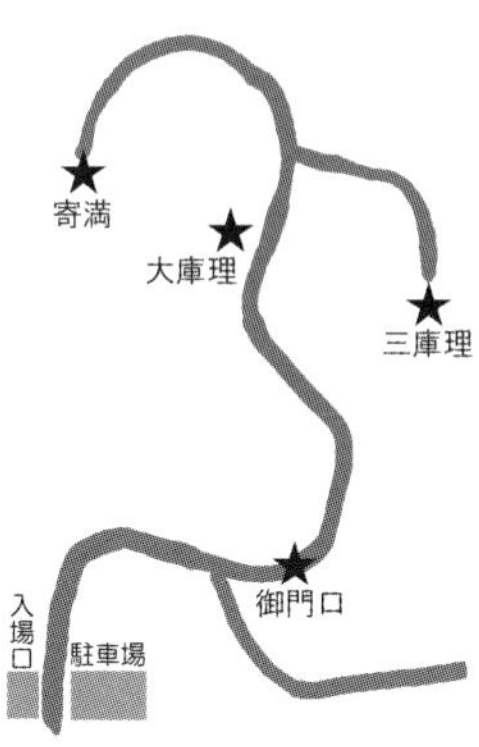

緑の館セーファ 098-949-1899
開園時間　9:00 ～ 18:00
休館日　12月29日～1月3日
入館料　大人200円、小人（小・中）

があったといわれています。斎場御嶽は、沖縄随一の聖地ですから、騒がず、汚さず、葉っぱ一枚、小石一個すら持ち帰ってはいけません。

御門口《うじょうぐち》

「御門口」は斎場御嶽の入場門。昔は男性や一般人はここまでしか入れず、右手にある六つの香炉でお通し御願をしました。六つの香炉は敷地内にある六カ所の拝所分の香炉で、この香炉に祈願することで御嶽内六つの拝所（大庫理《うふぐーい》、寄満《ゆいんち》、雨垂ユルアシカヌ美御水、シキヨ垂ユル雨ガ美御水、京ヌ端、三庫理《さんぐーい》）に祈願したことになるそうです。今風の香炉とは形が異なるため、香炉と気づかず階段のつもりで足をかける人を見かけます。沖縄では香炉は神仏と同じ扱いをしますから踏まないように注意しましょう。

斎場御嶽に入場する場合にはこの「御門口」で一礼をして、左側通行をします。真ん中は神様専用道だそうです。

入口に入ってすぐの「御門口」
石製の香炉六つが通路の端に置かれています。

寄満《ゆいんち》

「寄満」とは「果報《かふう》や五穀豊穣の徳」が寄り集まるところという意味で、海の潮が満ちてくるように幸せの徳が寄ってくる場所です。首里城内の台所も「寄満」とよばれていました。実際「寄満」で料理をしたという言い伝えはないようで、いわゆる火の神様を祀《まつ》る所のような位置にあったのではないかといわれており、果報をもたらす力があるといわれています。

大庫理《うふぐーい》

御嶽内の中央部分に位置する「大庫理」は一番座に当たる場所です。大広間のように利用され、琉球国最高ノロ聞得大君の就任式（御新下り）が執り行われた神聖な場所。神社で言えば本殿にあたります。一段上がった舞台のような広間で聞得大君の就任式典が行われました。やはり、ここの広間には一般人は上がらないほうが賢明といえるでしょう。

寄満（ゆいんち）

大庫理（うふぐーい）

チイタイイシ

広場の頭上に広がる巨岩の上に生えた木々の根が岩肌にこびりつき、この根を伝った水が今度は鍾乳石《しょうにゅうせき》を伝って下に置かれた二つの壺に滴り落ちます。下に設置された壷を「雨垂ユルアシカヌ美御水」（方言名アザカ、和名ナガミノボチョウジという聖木から伝って清められた霊水、の意）と「シキヨ垂ユル雨ガ美御水」（方言名シキヨ、和名トウツルモドキという聖木で天から流れて来た水、の意）といいます。この二つの壺の水で国の吉凶を占ったり、聞得大君の「ウビナディ（御水撫で）」に使われたそうです。元の壺は金製であったといいますが、盗難に遭《あ》い現在の石壺になりました。ここは、壺の水を使わなくとも清めの力があるそうです。

清められた後はいよいよ「三庫理」です。

二つの壺

「中にあるのは神聖な水です。触れることはご遠慮下さい。」の注意書きが立てられている。

三庫理《さんぐーい》

約一万五〇〇〇年前の大地震でずれた岩盤が成した三角空間。二枚の巨岩が支え合ってできた三角形のバランスはまさに神秘です。三角形の入り口から向かって右側が京ヌ端、入り口正面を三庫理と

三庫理から望む
右側が「京ヌ端」で石製の香炉が並んでいる（下の写真）。この香炉に手を合わせましょう。

いいます。京ヌ端の頭上には神の依り代となるクバの木が生えていてその株元に拝所があったと言いますが、今では岩壁の下に香炉が設置され、拝所になっています。三庫理の下にも香炉があり、拝みに訪れた人はその香炉に手を合わせます。

京ヌ端も三庫理の香炉もどちらも一見すればただの四角いブロックに見えますが、このブロックに見える香炉こそが絶大な力を秘める香炉なのです。反対側にあるアーチ状の窓から久高島が見えるので、そこに手を合わせる人が多いのですが、実は肝心かなめの拝所にお尻を向けていることになっています。久高島遥拝アーチからストレートにくる力と天からまっすぐに下りてくる力が混ざり合うところ、それが京ヌ端と三庫理です。ここにきたら、歴代のノロの香炉の前で天を仰ぎ見て日々の感謝を祈りましょう。ここは最大級の力が降り注がれる場所です。

木々の間から久高島を望む

藪薩御嶽《やぶさつうたき》【南城市玉城】

琉球開闢七御嶽④

神名は「タマガイクマガイノ御イベ」。

小石で取り囲まれ二個の香炉が並ぶ藪薩御嶽はニライカナイ（神様のいる桃源郷）への「お通しどころ」といわれています。

現在は遊歩道として整備されていますが、草がうっそうと茂り、石が積まれただけという見過ごしてしまいそうな御嶽ですが、沖縄で最も神聖な開闢七御嶽の一つで、おおらかな力があるといわれています。

藪薩御嶽

雨《あま》ツギ天《てん》ツギ御嶽《うたき》【南城市 玉城グスク内】

琉球開闢七御嶽⑤

※地図は93頁参照

玉城グスクの一の郭にある雨ツギ天ツギ御嶽は神名「アガル御イベツレル御イベ」。沖縄最古のグスクといわれている玉城グスクは、その一帯では最も高くそびえる場所にあります。天に近い雨ツギ天ツギ御嶽は、雨乞いと豊穣の力を持つといわれています。

玉城グスクの城門は自然石をくりぬいて作られている。

雨ツギ天ツギ御嶽

フボー御嶽《うたき》【南城市知念　久高島】

琉球開闢七御嶽⑥

久高《くだか》島は神の島とも呼ばれ、五穀発祥の地ともされ、歴代の琉球国王は久高島参詣を欠かさなかったといいます。フボー御嶽は久高島にある立ち入り禁止の御嶽で、クバやビロウ、クロツグなど、沖縄の聖木が茂る森の奥にあり、沖縄開闢七御嶽の最高位の御嶽です。

フボー御嶽には、久高島最高位の神女である外間ノロのみが関われる行事の中心祭場広場「ウフウガミ」があります。祭場「ウフウガミ」では、幻となった祭事「イザイホー」も執り行われていました。「ウフウガミ」の後方には「タキシュラー」という久高島最高位の御嶽があり、その逆方向には玉城グスクへの遥拝所で神名「テイリリカサ」と、首里への遥拝所で神名「ワカリカサ」があります。これらの御嶽を総じて「フボー御嶽」といいます。

フボー御嶽は、神が舞い降りる場所。私たちがうかつに近づけない最も神聖な場所です。

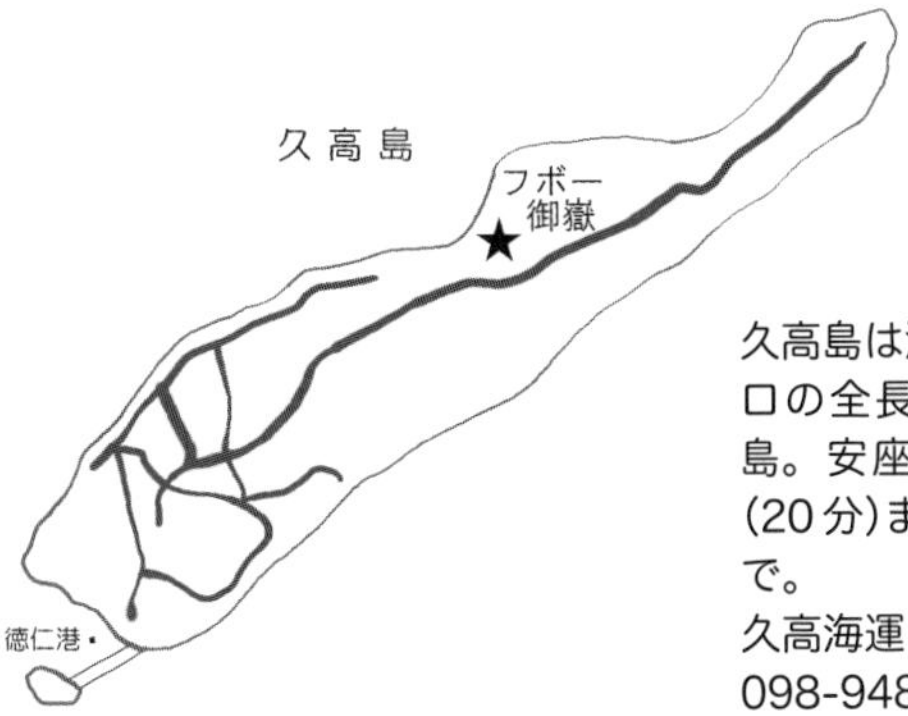

久高島は沖縄本島の沖合5キロの全長約3キロの細長い島。安座真港よりフェリー(20分)または高速船(15分)で。
久高海運
098-948-2873

首里真玉森御嶽《しゅりまだまむいうたき》【那覇市首里　首里城内】

琉球開闢七御嶽⑦

沖縄の守護神「君手摺《きみてずり》」が七御嶽巡りの最後に訪れるという首里真玉森御嶽は首里城内にあります。首里城は歴代国王の居城で、琉球王国の政治や国家的儀礼及び祭祀の中心地でした。しかし沖縄戦で建造物は全焼し、城壁は崩壊しましたが、復元整備が行われ、一九九二年から一般公開されています。

首里城には一〇の御嶽「十嶽」があったといわれています。残念なことに多くが戦争で破壊され、今なお場所の分からない御嶽がいくつかあります。その十嶽の中で最も神聖な御嶽「首里森御嶽」と「首里真玉森御嶽」があり、対の関係で首里城の中心的存在だったといわれています。首里城を訪ねる時には見逃さないようにしましょう。

奉神門手前にある「首里森御嶽」は天神が初めに作ったといわれ、完全に復元されている御嶽です。首里森御嶽の横には、石積みで囲まれた「京の内」とよばれる広大な祭祀エリアがあります。京の内

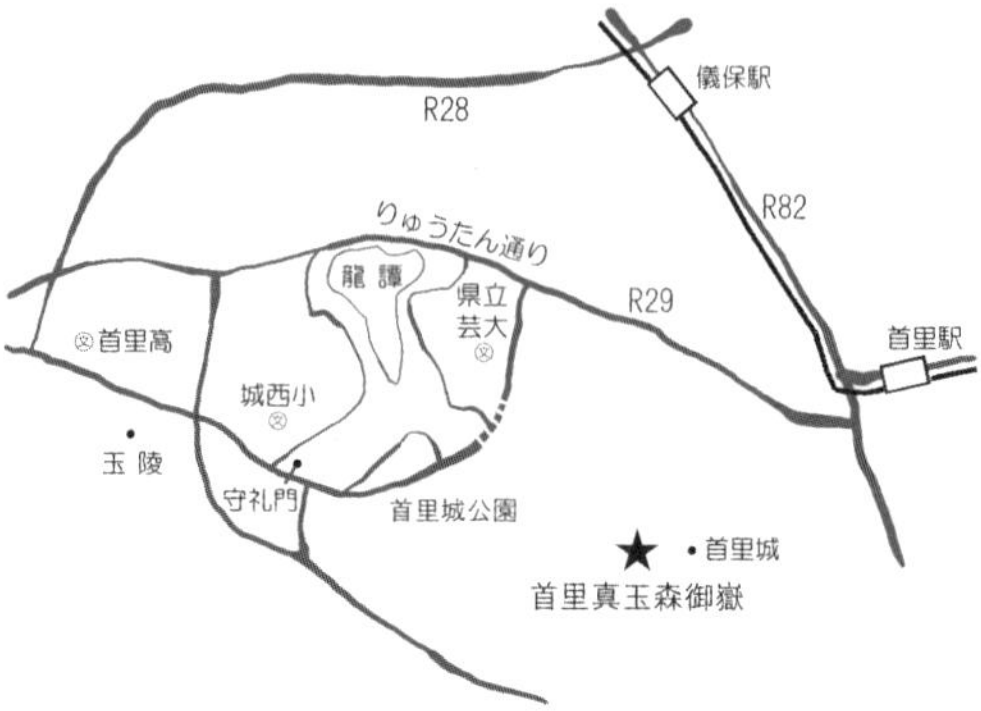

には、「シキヤヂシキヤダケヌ御イベ」「ソノイタシキヌ御イベ」「アガルイノ御イベ」等の御嶽があり、言い伝えでは首里真玉森御嶽もここにあったといわれています。「京の内」は元々「けおのうち」とよばれていました。「けお」とは「せぢ」（霊力）のことで、神様と通じることができる力を表します。つまり、京の内一帯は、神々と交信できる力が満々としているのです。一説では、沖縄の城は、単に王様の住む宮殿ではなく、元々あった重要な聖地を守るように城を造った、いわば「神殿」だという説もあります。

実は首里城は不思議な造りをしており、奉神門から正殿への道ははやや斜めになっており、正殿から直進した位置には首里森御嶽があります。これは「京の内」のパワーを首里森御嶽で集めて正殿へ送っているようでもあり、首里城のヒンプンの役割を果たしているという説もあります。

一般の人は京の内には入れず、首里森御嶽入口から真玉森御嶽の方向に向かってお通し御願を行ったといいます。

復元された首里森御嶽。ここから後方にある石垣の向こうの「京の内」に向かって遥拝する。

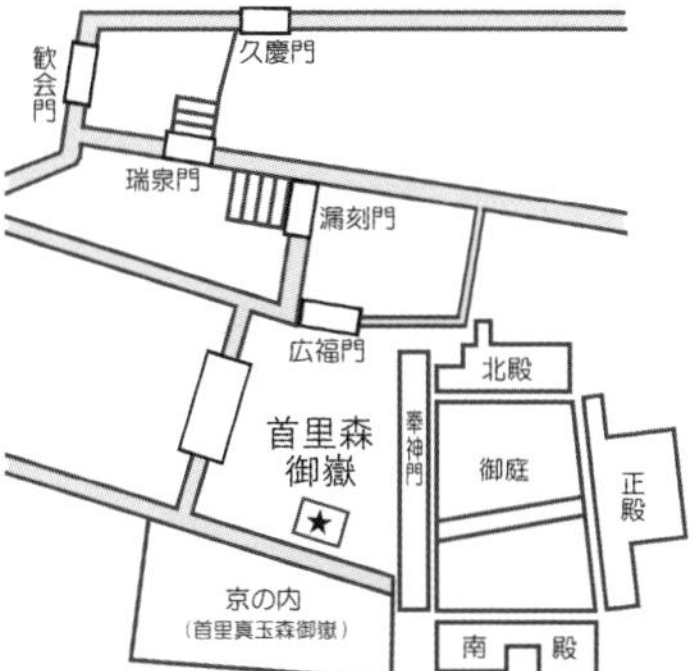

首里城内位置図

2、アガリマーイ（東廻り）

キリスト教、イスラム教、ラマ教など、世界にはたくさんの聖地巡礼があります。日本でも「お伊勢参り」、「四国八十八カ所参り」、「西国参り」等がよく知られています。ここ沖縄でも同様に聖地巡礼は存在し、最も有名な巡礼が「アガリマーイ（東廻り）」です。

沖縄では太陽の上がる東をニライカナイ（神様のいる桃源郷）のある聖なる方角としています。アガリマーイは、首里城から見て東の方角「アガリ」に位置する玉城、佐敷、大里にある聖地を巡礼する目的で行われています。簡単に言えば、豊穣をもたらす太陽神に関係した御嶽に感謝するための旅と言えるでしょう。

琉球王朝時代に羽地朝秀《はねじちょうしゅう》の編纂した『中山世鑑《ちゅうざんせいかん》』によると、琉球の国を創ったといわれるアマミキヨは麦、粟、豆、黍、米の五穀が入った壺を持って上陸し、麦、粟、豆、黍は久高島に植え、米は水の豊富な知念大川と玉城の受水走水《うきんじゅはいんじゅ》に播《ま》き、次第に沖縄全体に広まったとのこと。つまり、豊穣をつかさどる太陽神とアマミキヨが五穀を広めた地域を、感謝と五穀豊穣、国の安寧、航海安全など多くの祈願のために時の国王らが聞得大君を伴い巡礼したのがアガリマーイです。麦の生長する旧暦二月は久高島へ、稲が成熟する旧暦四月は知念、玉城へ巡拝しました。

以後時代が進むにつれ士族層にも広がり、三年廻り（二年おき）、五年廻り（四年おき）、七年廻り（六年おき）と定期年を設定し行われてきました。民間へ伝播した後も士族のしきたりを踏襲して、各門中それぞれで廻る定期年が決められていったようです。農村では旧暦の八月〜九月の農閑期に「神拝人衆」という若者たちが数日かけて巡礼していました。

現在は士族の流れをくむ門中を中心に行われていますが、太陽信仰と密接な関係にある東廻りは、生きにくい現在でも、私たちに必要な力をもらえるラウンドかもしれません。太陽のみならず土地や空、水にも力があります。その力のおかげで連綿とつながってこられた命が現在の私たちで、その奇跡に気づき感謝をするのが東廻りなのです。

※アガリマーイは地域、門中によって順番や廻る拝所が異なることがあります。

アガリマーイ（東廻り）のコース

首里《しゅり》園《その》比屋武《ひゃん》御嶽《うたき》【那覇市首里】

アガリマーイ①

国王の外出時や聞得大君の「お新下《あらお》り」の儀に際しても必ずお参りしたという重要な御嶽です。昔、国王がある大臣の家を訪問するためにこの御嶽の前を通りかかった時、一人のおじいさんに呼び止められました。「今、王が向かわれようとしている大臣は謀反を起こそうと王を呼び出したのです。お命が狙われているところへ行ってはなりませぬ」と告げて、おじいさんは姿を消しました。その言葉の通り、大臣が謀反を企てていることが判明。その後、国王の外出時には必ずここで往復の安全を祈願して出かけたといいます。

また願えば叶う御嶽として信仰を集めており、屋根の中央にある勾玉《まがたま》のような飾りは「火炎宝珠《かえんほうじゅ》」といわれる縁起物。「炎に包まれたように輝く宝石」という意味です。この「火炎宝珠」の下には神様がいるといわれ、意のままに願いを叶えると伝えられています。

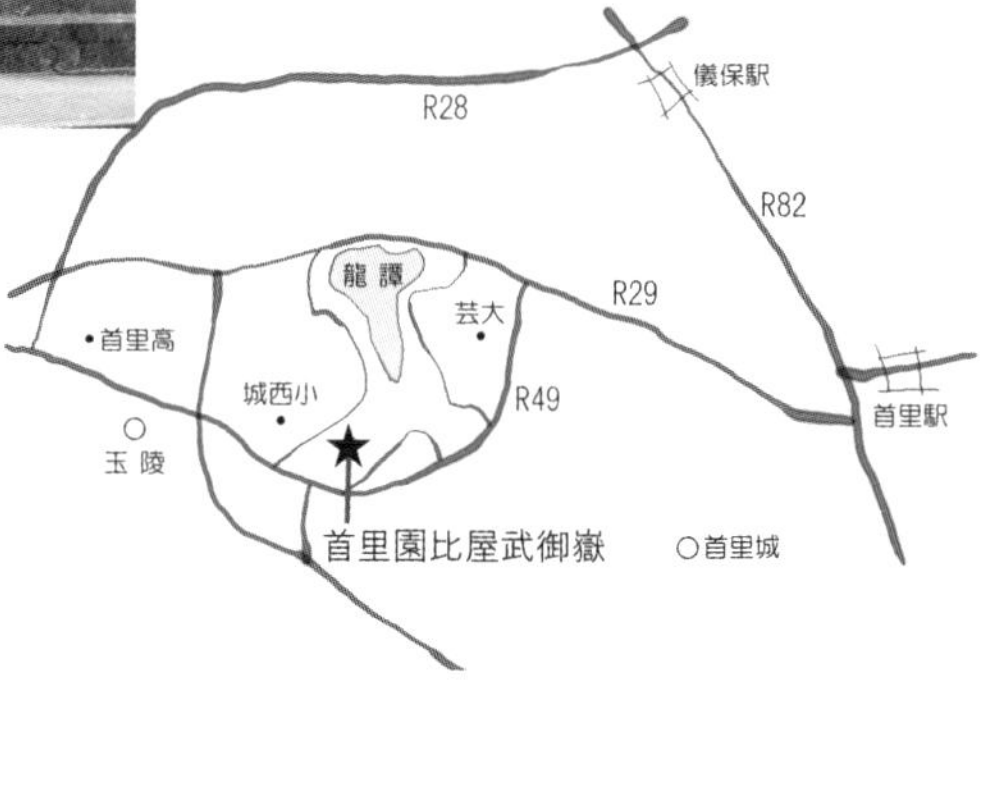

与《よ》那《な》原《ばる》御殿《うどぅん》山《やま》【与那原町与那原】

アガリマーイ②

山原から首里の御殿に納める木材の置き場だった場所。聞得大君が斎場御嶽での就任式の際、首里城で白着物を着て馬に乗り二百人のお供を従えてここに設置された仮家に入ったとあります。

仮家には女官室や台所、トイレが用意され、国王の久高島参詣時の休憩場所にもなりました。士族や民間の者はアガリマーイでも参拝できない場所だったために、現在は見過ごされてしまいがちです。

水路の橋を渡ったところにある御殿山は与那原コミュニティセンターの真裏

浜《はま》ぬ御嶽《うたき》【与那原町与那原】

アガリマーイ③

浜ぬ御嶽は、ニライカナイの大神や天女も降臨するといわれる与那原随一の聖地です。ある天女が天下りした際に浜で死産し、その子供たちはミズスルル（カタクチイワシ）、タイワンダイという魚になって浜に戻ってくると言い伝えられています。浜ぬ御嶽には「ホーミシザー」ともよばれ、子宝に恵まれるともいわれている大きな岩石があります。

浜ぬ御嶽は元は与那原御殿山の近くにありましたが、現在はホーミシザーとともに埋め立て地の東浜《あがりはま》のきょうりゅう公園の側に移転しています。現在では、一般にはホーミシザーから浜ぬ御嶽を遥拝します。

※地図は 101 頁参照

ホーミシザーの向かいにある「きょうりゅう公園」

水路の側に置かれたホーミシザー

与《よ》那《な》原《ばる》親川《うぇーかー》【与那原町与那原】

アガリマーイ④

常に掃除が行き届いている与那原親川は、浜ぬ御殿に舞い降りた天女がここで子供を産み、親川の水を産湯に使ったという伝説があります。

聞得大君も天女にならい、ここの水を「ウビナディ」（水に浸した中指で額を三回なでる）使用し、天女の神力を得ようとしたといいます。

与那原の代表的な行事である大綱引きも、ここから始まり、ここで終わります。

※地図は101頁参照

親川は与那原綱引資料館の横の小さな広場の中にある

佐敷《さしき》の場天御嶽《ばてんうたき》【南城市佐敷新里】

アガリマーイ⑤

琉球三山統一を果たした尚巴志《しょうはし》の祖父、佐銘川大主《さめかわうふぬし》が住んでいた場所です。伊平屋島出身の佐銘川大主が後の王統の始祖になったことから「出世に導く力がある」といわれています。現在は「イビの森」に移転しています。「馬天御嶽」とも表記されます。

イビの森

佐銘川大主の居住跡が1959年1959年の台風の豪雨による崖崩れ、地滑りで埋没してしまったため、現在ではむらの氏神を祀っていた「イビの森」に移転し、祀られています。

場天御嶽は階段登ってすぐ右側

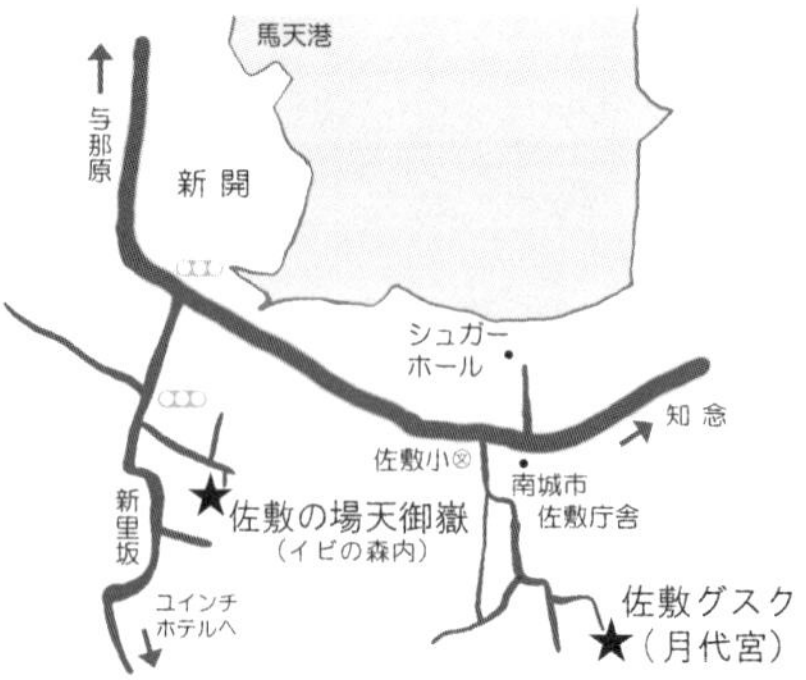

佐敷《さしき》グスク【南城市佐敷佐敷】

アガリマーイ⑥

※地図は104頁参照

琉球三山統一を果たした尚巴志の父・尚思紹《しょうししょう》が築いたお城。霊石が祀られている「月代宮《つきしろのみや》」があります。鳥居がありますが、神社ではありません。尚巴志五百年祭に宗家をたたえて子孫が宮を建立したものです。

月代宮の後方に「いーぐすくぬうたき(上城ヌ御嶽)」があり、そこが重要な場所といわれていますが、まずは、月代宮から祈願をするようにしましょう。

階段の途中に鳥居がある月代宮

テダ御川《うっかー》【南城市知念知名】

アガリマーイ⑦

テダは太陽のことで、太陽の神様が降臨する場所。昔、国王や聞得大君は久高島へ渡る前にここの霊泉で飲み水を補給したといわれています。ここの水には太陽の神の力が注がれており、航海安全のお守りとして崇められていたそうです。しかし、現在は水が枯れてしまい、以前のような泉はありません。訪れる際には、水を持参して太陽の神様の力をいただいてもいいかもしれません。

海岸沿いにあるテダ御川

テダ御川の横の階段を登ると知名崎灯台が建っている

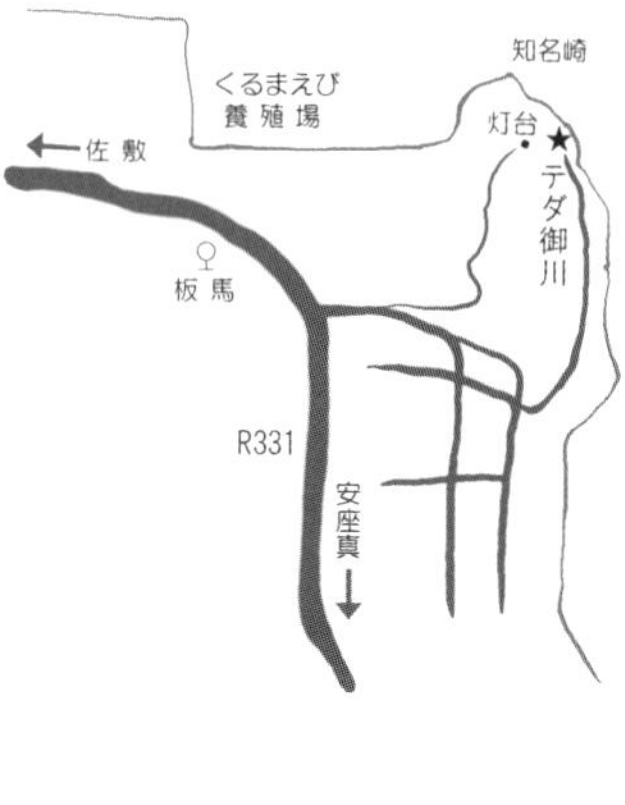

斎場《せーふぁー》御嶽《うたき》【南城市知念字久手堅】 アガリマーイ⑧

琉球開闢七御嶽の斎場御嶽（87頁）参照。

知念《ちねん》グスクの友利《ともり》ぬ御嶽《うたき》【南城市知念】 アガリマーイ⑨

アマミキヨが造ったといわれるお城です。石のアーチが美しいお城ですが、古い野面積みの石垣がゆるみはじめ、修復が進んでいる最中です。このアーチは太陽の神様の通り道だと伝わっており、アーチをくぐる時には人は左側を歩くようにしましょう。中央は神様の通り道だからです。

東廻りの際、国王の休憩所としても利用された城で、久高島への遥拝所「友利

低い石垣で囲われた通り友利ぬ御嶽

ぬ御嶽」があります。

知念大川《ちねんうっかー》【南城市知念　知念グスク内】

アガリマーイ⑩

知念グスクの西側にある泉。

玉城の受水走水とともに、稲作発祥の地として国王も参拝した場所です。知念大川の水源は後方の崖下にある霊泉「ウファァカル」。

現在でも霊水がこんこんと湧き出ていますが、ハブもウヨウヨする場所なので注意が必要です。

※地図は107頁参照

知念大川

知念グスクのアーチ門

藪薩御嶽《やぶさつうたき》【南城市玉城】　アガリマーイ⑪

琉球開闢七御嶽の藪薩御嶽（93頁）参照。

受水走水《うきんじゅはいんじゅ》【南城市玉城百名】　アガリマーイ⑫

水が滾々《こんこん》と湧き出る受水走水。水と太陽と地の力が絶妙なバランスで取れている希有なところだそうで、日々のストレスが洗い流され、力がわいてくるのがわかる不思議な場所です。

「受水＝ゆるやかに水をたたえる。女性的」「走水＝走るように水が勢いよく出る。男性的」の意味で、アマミキヨの時代から水に恵まれた場所です。アマミキヨはここで沖縄初の稲作を行いました。沖縄の稲作の初めは諸説あり、三本の稲をくわえた鶴が近くの新原村の「カラウカハ」に落下死し、その稲が発芽したものをアマミキヨが受水走水の田に移植したという説や、アマミキヨはもともと稲

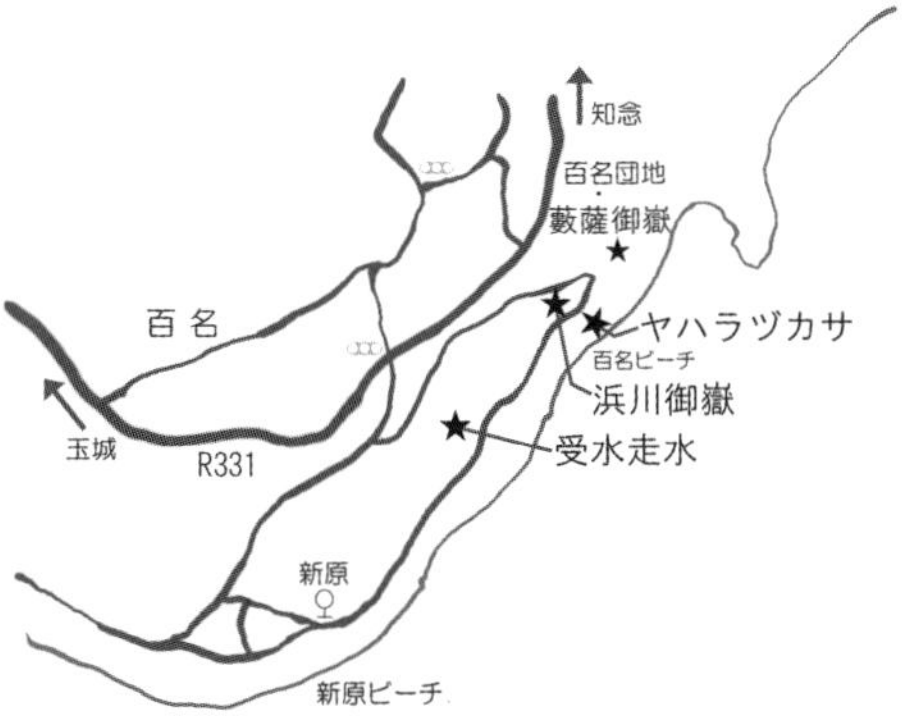

道沿いの石の道しるべ

を持参していたという説もあります。アマミキヨが稲を植えた約三坪の神田は「みーふだ（御穂田）」と呼ばれ、現在も稲作を行っています。この沖縄稲作発祥の地では、旧正月の初午の日に一年の豊作を祈願する行事で無形民俗文化財に指定された「親田御願」が行われています。

受水の泉。受水と走水の二つの泉がある。

稲作が行われる
みーふだ（御穂田）

ヤハラヅカサ【南城市玉城百名】

アガリマーイ⑬

南城市玉城の百名《ひゃくな》ビーチにある御嶽で、縦長の石がストーンサークルのように不規則に並んでいます。そのなかにアマミキヨが降り立ったといわれる「ヤハラヅカサ」があります。満潮には海に没してしまうので、干潮を見計らって行けば、石の香炉が設置されている「ヤハラヅカサ」に出会えます。古老によれば、竜宮の神と天の神が往来するところだそうですが、プライベートな祈願をするのではなく、感謝を捧げる場所だとか。

※地図は109頁参照

満潮のときは海に没してしまうヤハラヅカサ

ビーチに不規則に並んでいる石群の中に石の塔が

浜川御嶽《はまがー》 【南城市玉城百名】

ヤハラヅカサのすぐ近くの岩山の下の御嶽。

沖縄に上陸したアマミキヨが仮宿にした場所といわれ、鬱蒼とした木々の間に埋もれるようにあります。海と陸の境に存在する御嶽です。

石垣に囲われた中に祠と香炉がある

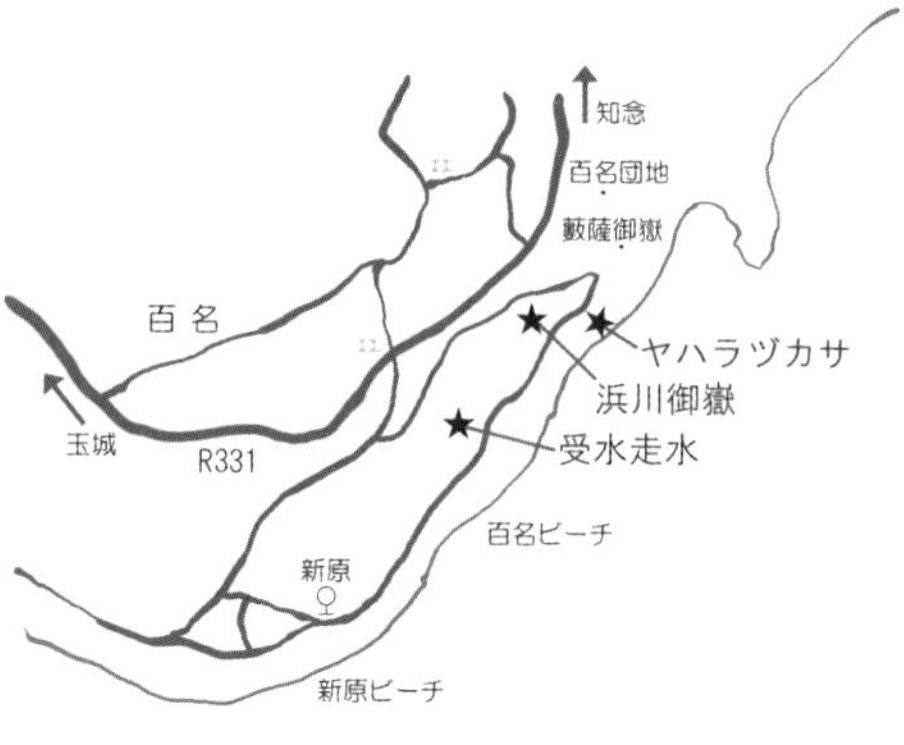

ミントングスク【南城市玉城仲村渠】

アガリマーイ⑮

アマミキヨがヤハラヅカサに舞い降り、浜川御嶽でしばらく過ごした後、安住の地を求めてきたのが「ミントングスク」です。小高い岩山に位置するミントングスクは、風通しも見晴らしもよく、近くの仲村渠《なかんだかり》樋《ひー》川《じゃー》からの水もあるので、なかなか住み心地の良い住居だったのではないでしょうか。現在もここにはアマミキヨの直系の子孫が住まわれ、個人宅となっていますから無断で入ることはできません。

背後の岩山がミントングスクで岩山全体が聖域となっている

アガリマーイ⑯

仲村渠樋川《なかんだかりひーじゃー》【南城市玉城仲村渠】

霊泉「仲村渠樋川」は地域の田畑を潤し、豊穣をもたらした泉です。仲村渠集落の共同用水施設として利用され、沖縄の伝統的石造井泉を代表するものです。

樋川は四つに仕切られており、向かって左側三カ所が「男性用イキガガー」、右が「女性用イナグガー」です。ここは禊の場所として使われ、東廻りの時にはこの水で「ウビナディ」（中指に水をつけて 額につける）をしたといいます。

※地図は113頁参照

仲村渠樋川の水神

開放的なイキガガー

玉城《たまぐすく》グスク【南城市玉城玉城】　アガリマーイ⑰

三百もあるといわれる沖縄のグスク（城）のうち、最も古いグスクといわれる玉城グスクは、アマミキヨの子孫「天孫氏」が築城したといわれています。ここには元々、琉球開闢《かいびゃく》七御嶽の一つである雨をつかさどる「雨ツギ天ツギ御嶽」がありました。標高一八〇メートルの丘の上にある御嶽は天空の城ということになり、雨乞いの御嶽となったいわれも納得できます。

まん丸いドーム状の城門はトンネルのようです。城門は東北東に向き、ニライカナイへ通じているといわれます。夏至《げし》と冬至《とうじ》には太陽光が一直線にさしこむ神秘的な現象も見られます。城門をくぐれば、すぐ正面に「雨ツギ天ツギ御嶽」があります。雨をつかさどる龍神がいるなどともいわれ、干ばつの時には頻繁に雨乞《あまご》いの御願もなされました。

琉球の舜天《しゅんてん》王統三代目の義本《ぎほん》王時代には干ばつが続き、その上、

流行病が蔓延してたくさんの人が犠牲になりました。義本王は自分の代でこのような天災が起こるのは、自分が王に向いていないからだと嘆き悩んだ挙げ句、雨ツギ天ツギ御嶽で炎に身を投じようとしたところ、にわかに天がかき曇り大粒の雨が降って火を消したという伝説があります。龍神と生《い》け贄《にえ》は沖縄の伝説によく登場しますが、王自ら犠牲になろうとした話は義本王だけではないかといわれています。

　龍神が天から舞い降りるとされ、雨乞いのみではなく隆運をつかさどるそうです。

城門まで階段が設置され、登りやすくなっている。

3、首里十二カ所《しゅりじゅうにかしょ》と琉球八社《りゅうきゅうはっしゃ》

沖縄では健康祈願や厄払い、出世や成功祈願、商売繁盛祈願、合格祈願など、特別に気持ちを込めて御願をしたいことがある人は首里十二カ所や琉球八社を巡礼する御願があります。よく知られる「十二カ所巡り」と「琉球八社巡り」ですが、前者は寺、後者は宮で、寺と宮では祈願の内容が異なるといいます。

普通神社での参拝は二礼二拍してから手を合わせますが、お寺では、合掌する前には手を叩きません。仏様はいつでも人の役に立ちたいということでこちらを向いているそうですから、かしわ手を打つと驚かれるそうです。

また、どのスポットでもそうですが、他人の御願の邪魔や誹謗《ひぼう》は御法度。自分の拝みも帳消しになってしまうそうです。

卍 首里十二カ所

首里にある四つの寺を廻る参拝です。四つの寺に十二支の神が祀られています。

首里観音堂…【ねずみ】千手観音、【うし、とら】虚空蔵菩薩
【たつ、み（へび）】普賢菩薩　【うま】勢至菩薩

達磨寺…【うさぎ】文殊菩薩、【いぬ、いのしし】阿弥陀如来

盛光寺…【ひつじ、さる】大日如来

安国寺…【とり】不動明王

年忌や法事、一年間の健康祈願、トゥシビーの厄払い祈願などに首里十二カ所を廻ります。また、屋敷の御願でも特に重要なときは首里十二カ所を廻ることもあります。年忌や法事で廻るのは、極楽浄土へ導いてくれる仏様に死者の成仏を託すからです。

一年間の健康祈願は、午前十二時間・午後十二時間（一日）、十二ヶ月（一年）を、四方八方（十二方位）の神様に守っていただきたいという願いからです。

トゥシビーの厄払いは、十二年に一度巡る生まれ干支の神様に、さらなる守護を祈願するもの

首里観音堂《しゅりかんのんどう》（慈眼院）

那覇市首里山川町３-1
098-884-0565

盛光寺《せいこうじ》

那覇市首里儀保町３-19
098-884-3869

安国寺《あんこくじ》

那覇市首里寒川町 1-2
098-884-2735

達磨寺《だるまでら》（西来院）

那覇市首里赤田町 1-5-1
098-884-1077

です。人は生まれてから年々、ひとつの神様がつくといわれており、十二年経てば十二子の神様がついて四方八方十二方からまんべんなく守られていることになるわけです。一人前になったあかしの「十三祝い」は、十二子の神様が全員揃ったお祝いになります。首里十二カ所といっても、四カ所にまとめられています。自分の生まれ干支の寺には、必ず報告しましょう。

離島出身や祈願する家族が県外など遠方にいる場合には、首里十二カ所を巡った後に「ウトゥーシ（御通し）祈願」として三重城《みーぐすく》御嶽（132頁参照）で祈願します。拝んだ後の供物は、必ず持ち帰りましょう。祈願した後の供物で聖地を汚してはせっかくの拝みも台無しです。

〈首里十二カ所の参拝方法〉

■準備するもの

ビンシーと果物ウチャヌクをのせたお盆

＊風呂敷で包みます。

線香十二本三本、クバンチン（白紙）四カ所分

三十五円（十円：三個　五円：一個）×四カ所分

ビンシーとウチャヌク（餅）
果物をのせたお盆

■参拝方法

①丸い盆にビンシー、ウチャヌク、果物をのせます。

②各寺で線香十二本三本を白紙（クバンチン）の上に置きます。ビンシーの小皿には三十五円をのせて、「不足があったらこのお金で補ってください」といって、拝みが終わるごとにお賽銭箱にいれます。

③グイス（祝詞）を唱えます。

■グイスの例（健康祈願のグイス）

「サリ、アートートゥ、ウートートゥ。◯◯寺神々しん、今日は（住所と家族の干支を言う）の結び（妻の意）が家族の健康を祈願しにきました。香り高い十二本三本の香分《こうぶん》、天と地の鑑《かがみ》であるウチャヌク、黄金《くがに》のような塩、白銀《しろがね》のような塩、五穀豊穣の酒、穢《けが》れを流す清らかな水を供えて拝みます。一年十二ヶ月、四方八方の神々から守られて、家族みんな健康でありますように。たくさんの徳を満ち満ち溢《あふ》れていただけますように。また、御万人《うまんちゅ》と和合《わごう》をし、笑い福々生活させてください。サリ、アートートゥ、ウートートゥ」

琉《りゅう》球《きゅう》八《はっ》社《しゃ》

琉球八社は琉球王国時代から続く歴史の古い宮です。王府時代には「琉球八社（官社）の制」により特別扱いを受けていました。

安里八幡宮のみ八幡宮が祀られ、それ以外は熊野神が祀られていますが、それぞれの縁起や由来があり、出生祈願や合格祈願、商売繁盛、子宝、縁結び、病気平癒などさまざまな祈願で参拝します。

琉球八社は波上宮、沖宮、安里八幡宮、天久宮、識名宮、末吉宮、普天満宮、金武宮の八宮で、特に自営業の人にお勧めです。

宮では二礼・二拍・一礼でかしわ手を打ちます。参拝方法は首里十二カ所と同じです。

波上宮

⛩ 波上宮《なみのうえぐう》【那覇市若狭】

琉球八社

海を見下ろす岩壁の上に、ニライカナイへ五穀豊穣と島の平安を願った御嶽があったといわれています。由来は南風原《はえばる》のある里主《さとぬし》が釣りをしていると浜辺でピカピカ光る石を見つけました。その石を見かけた日は必ず豊漁になるので不思議に思った里主が石に近づくと、石が「自分は熊《くま》野《の》権現《ごんげん》である。自分を祀ればこの国を守ろう」と話したそう。驚いた里主はさっそく王府に報告し、社を建てたのがこの波上宮の始まりだといわれています。航海安全と旅の安全を得意とします。

⛩ 沖宮《おきのぐう》【那覇市奥武山】

琉球八社

琉球王国時代に編さんされた『琉球国由来記』にも登場する宮。大昔、那覇港の海中からいつも光が放たれていました。王宮からも

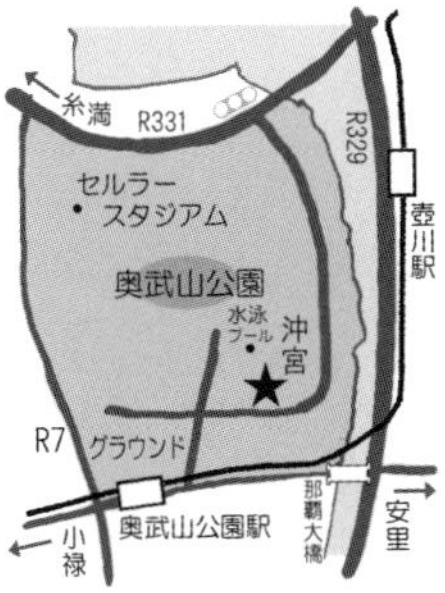

その光が見えるので、王様の命令で網を使い引き上げたところ、それは光る枯れ木であったそう。人々はこれは霊木であると喜び、社を建てたのが沖宮の始まりです。琉球王国時代、中国や薩摩への進貢船、離島便の船員は必ずここを詣でてから出発したといい、航海安全と商売繁盛を得意とします。

⛩ 安里八幡宮《あさとはちまんぐう》【那覇市安里】

琉球八社

琉球王国時代に喜界島《きかいじま》が税を納めないことから尚徳《しょうとく》王が喜界島へ遠征に行くことになり、その途中に安里村を通った際、王様は飛ぶ鳥にめがけて「私に勝つ徳があれば鳥を射落としてください」と念じて矢を放ったところ、鳥は見事に射落とされました。しばらくして王は喜界島を平定、鳥を射落とした場所に宮を建立したのが始まりとされています。

安里八幡宮の境内は保育園の園庭としても利用されている

沖宮は奥武山公園内にある

⛩ 天久宮《あめくぐう》【那覇市泊】 琉球八社

昔、天久村の森に高貴な姿の女性が現れ、天久の丘の洞窟には僧が現れては消えるので村人は不思議に思っていました。その知らせを受けた役人が洞窟で線香を横たえると自然に火がついたため、ここに社を建てたのが始まりといわれています。社の後ろには洞窟がありますが、ここは女性にご利益がありよい縁談に恵まれるそうです。

⛩ 識名宮《しきなぐう》【那覇市繁多川】 琉球八社

洞窟の中に霊石が祀られています。昔、尚元王の王子が重い病気にかかった時、この洞窟で祈れば治るとお告げがあったので、その通りに祈ったところ快復した

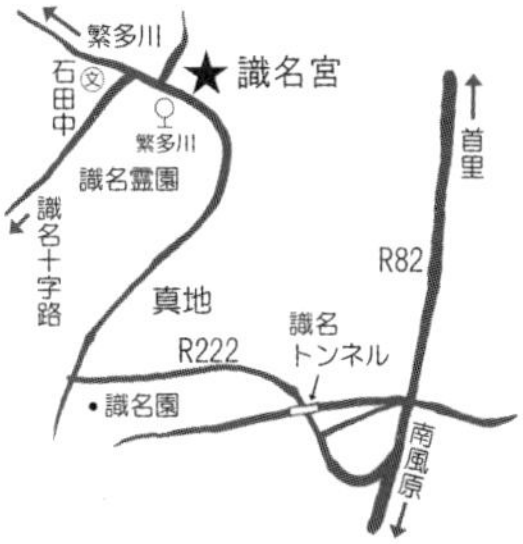

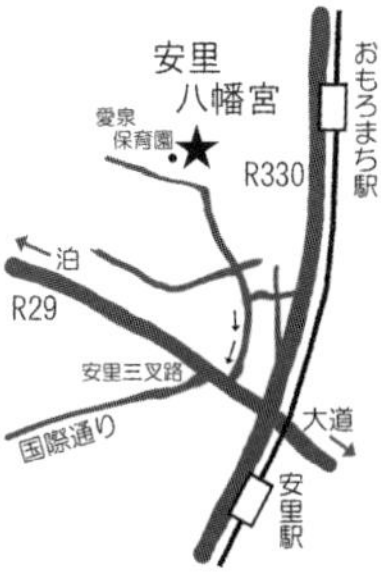

識名宮

そうです。病気平癒にご利益があるとされ、また霊石（ビジュル）があることから子供が授かるともいわれています。

末吉宮《すえよしぐう》【那覇市首里末吉町】

琉球八社

末吉公園内に位置し、公園入り口から見ると真正面の山頂付近あたりに見えます。公園内の参道がありますが、大名口から入ると近くて便利です。

昔、熊野で修行した首里のお坊さんが沖縄へ帰ってきた後、もう一度、熊野詣でをしたいと王様に申し出ました。その頃、熊野への参詣は許されていませんでした。たびたびお坊さんの夢に「北の山に行けばお印がある。そこが熊野権現のいるところである」という知らせがあったので、その言葉の通りに首里の北の方角にある末吉の険しい岩山に登ったところ、お坊さんは不思議なお知らせを見ました。お坊さんはそれが熊野権現だとして王様に報告したところ、

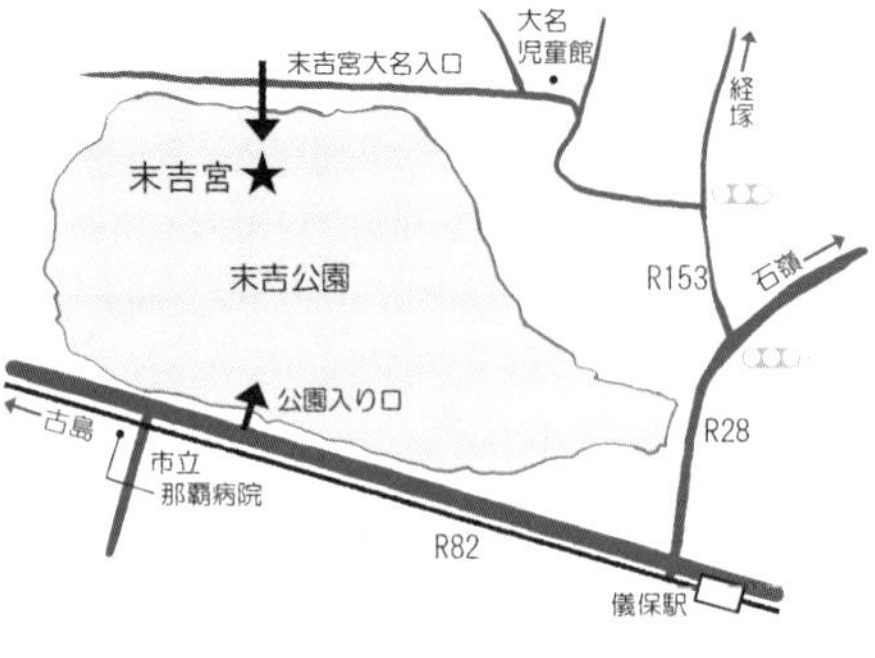

王様にも同じような霊夢があったために、そこに宮を建立することとなりました。こうしてできた末吉宮は長い長い石段の上に立つ宮で、昔はノロや王女のみが上段まで登れたといいます。

一番下の石段に四角く囲まれた石があり、お賽銭箱が置かれています。これが昔の香炉あとなので踏まないように注意してください。組踊「執心鐘入」ゆかりの土地でもあります。

ここは、商売繁盛と出世の徳が得られるといいます。

石段の上の高床拝殿

大名口参道にある鳥居

石段の下の方に置かれたお賽銭箱

⛩ 普天満宮《ふてんまぐう》【宜野湾市普天間】

昔、首里の桃原村に絶世の美女がいました。その美しい女性は家にこもっては機織《はたお》りばかりしており外に出ることもありませんでしたが、噂を聞いた男たちが顔を見たさに集まってきたそうです。妹によって顔を見られた美女はショックのあまり家を飛び出し、山々を越えて普天間の洞窟に隠れ、神となったといいます。宮の裏手にはやや広い洞窟があり、ここは女性に霊験があるとされ、良い縁談、とくに玉《たま》の輿《こし》婚に縁があるとか。また、子宝や商売繁盛のご利益もあるそうです。

⛩ 金武宮《きんぐう》【金武町金武】

琉球八社

金武観音堂の境内の鍾乳洞《しょうにゅうどう》に金武宮があり、言い伝えによると真言宗の僧である日秀上人《につしょうしょうにん》が補陀落浄土を求めて航海中、嵐に遭って沖縄へ流れ着きました。沖縄で農業や学問を教えたので村人から「神人」と讃えられるようになりました。日秀上人は呪文を使うことができました。ある村に、夜な夜な現れては美しい声で若い娘を誘惑し、洞窟に誘い込む青年がいました。青年は実は洞窟に住む大蛇の妖怪で、誘い出した娘の肝を食べていたといいます。日秀上人は得意の呪文で大蛇を封印し、村に平和をもたらしました。その日秀上人が大蛇を封印した洞窟が金武宮（金武鍾乳洞）と言われています。現在では出世と商売繁盛、知恵を授けるご利益で知られています。

金武の鍾乳洞は現在は天然の泡盛貯蔵庫として利用されている

4、ご利益別開運スポット

●学問の神様　～受験の時や成績アップに～

至聖廟《しせいびょう》【那覇市若狭】　学問の神様

波上宮の近くにある至聖廟（孔子廟）。

十四世紀、時の察度王の要請で中国から渡ってきた学者たちが、風水で良い土地と判断した場所に立てた廟。学問の神様といわれる孔子をはじめ、勝負の神・関羽も祀られています。そのせいか、特に難関校の受験前にここを訪れる親子が多いと聞きます。

達磨寺《だるまでら》（西来院）【那覇市首里赤田】　学問の神様

首里十二カ所の寺の一つ（地図119頁参照）。

学問向上に優れた力を持つ文殊菩薩が祀られているため学問の開

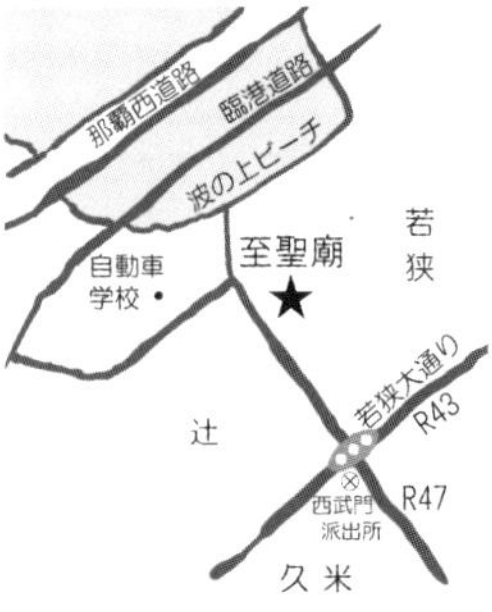

達磨寺

運スポットと人気があります

金武《きん》観音寺《かんのんじ》【金武町金武】

学問の神様

境内にある金武宮は琉球八社の一つで、洞穴を霊場として観音様をお祀りした開運スポットです。（金武宮の伝承については129頁参照）

金武観音寺は真言宗の寺で「金武の寺」と呼ばれています。高野山で修行を積んだ日秀上人が創建し、弥陀・薬師・正観音の三像を彫刻して奉安したというわれがあります。

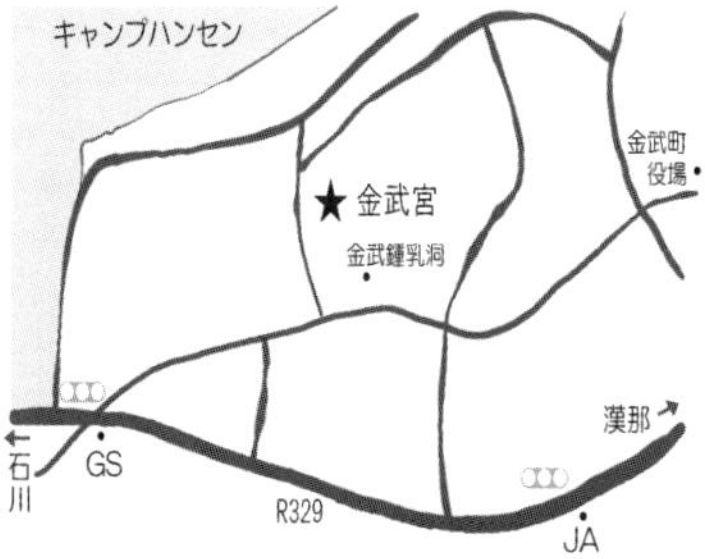

●旅の安全祈願　～航海の安全と無事な帰還～

波上宮《なみのうえぐう》【那覇市若狭】
旅の安全祈願

琉球八社の神社の一つ（123頁参照）。海に面した岩の上にあり、昔より航海の安全と家運隆盛の徳が授けられると伝わっています。

三重城御嶽《みーぐすくうたき》【那覇市西】
旅の安全祈願

遠方に住む家族の健康と安全祈願、また、沖縄本島外から移り住んで来た人が生まれ故郷へ感謝と祈願をするお通しどころとして有名です。三重城御嶽は新しく宮が建立されていますが、その宮の階段の下に四角く囲まれたスペースがあります。そこはもともと三重城御嶽の香炉があった場所です。歴代のノロが拝みを行った小さな聖地ですから踏まないように注意しましょう。

三重城御嶽の宮。階段手前の四角いスペースが香炉の場所

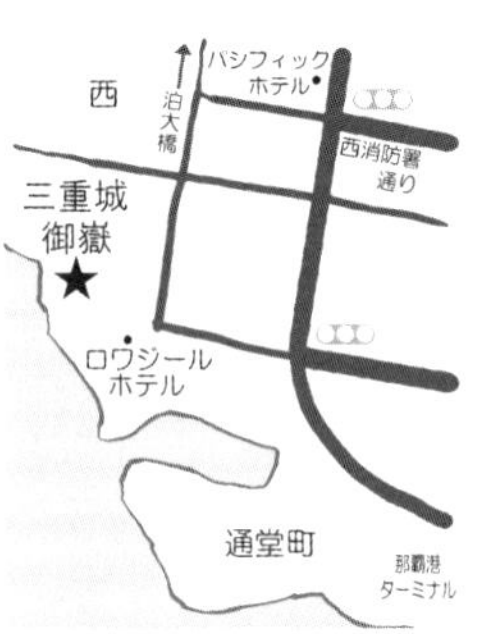

首里観音堂《しゅりかんのんどう》【那覇市首里山川】

旅の安全祈願

首里十二カ所の四寺のうちの一つ（地図119頁参照）。

開運スポット万歳嶺《ばんざいれい》に建つ寺。昔から渡航安全を祈願する場所であったそうで、薩摩の人質になった王子の無事な帰還を願い王様が「王子が無事に帰国したらこの地に観音堂をつくりましょう」と誓願したそうです。

沖宮《おきのぐう》【那覇市奥武山】

旅の安全祈願

琉球八社の神社の一つ。現在は奥武山公園内に位置しており、琉球王朝時代から中国や薩摩など遠くへ渡る船員は必ずここを詣でたといわれています。

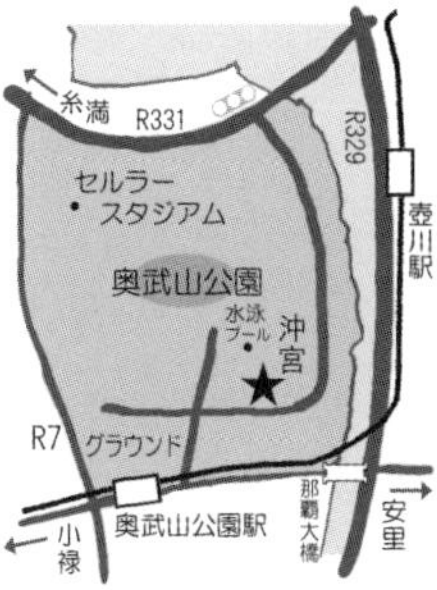

首里観音堂

●出世・成功　～サクセスストーリーはここから～

盛光寺《せいこうじ》【那覇市首里儀保】　出世・成功

首里十二カ所の四寺のうちの一つ（地図119頁参照）。ネーミングにちなんで「成功する」徳がチャージできるのだとか。また、太陽をあらわす「大日如来」が祀られていることからも、強いパワーをもらえるといわれています。この寺にはトイレを守る「うすさま明王」の札があります。

末吉宮《すえよしぐう》【那覇市首里末吉町】　出世・成功

琉球八社の神社の一つ。

熊野の神様の霊験がある開運スポット。近辺には十二支の始まりの「子（ねずみ）ぬ方ぬ神」も祀られ、「何事もスタートから成功する」

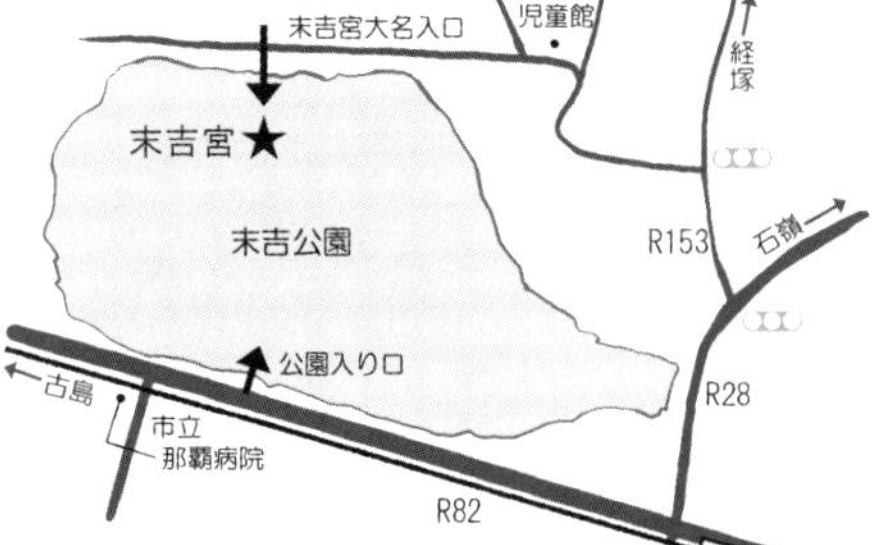

ように祈願する場所で、老若男女問わずたくさん人々が訪れます。

白銀堂《はくぎんどう》【糸満市糸満】

出世・成功

糸満にある海神を祀った御嶽で、「手ぃー出じら意地引き、意地出じら手ぃー引き」（「短気は損気」の意）の教訓話で有名な開運スポット。

借金を返せずにこの諺を言った男が隠れていた洞窟がヨリアゲノ嶽で、御嶽となっています。

豊作豊漁の祈願が得意だといわれます。海に近いこともあり、航海の安全祈願でも有名な場所。

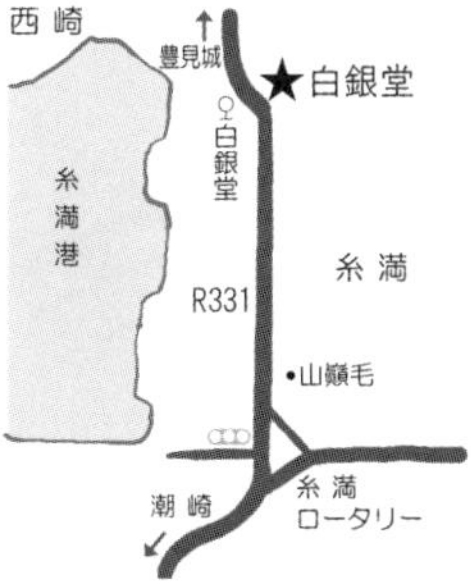

●そろそろ婚活　～縁は異なもの、味なもの～

普天満宮《ふてんまぐう》【宜野湾市普天間】　そろそろ婚活

琉球八社の神社の一つ（地図128頁参照）。

いわずもがな「良縁を結ぶ」と有名な宮。女性の神様が祀られているからか「カップルで行くと嫉妬される」などといわれた時代もあったそうですが、女性の神様なので母性的な深い懐で迎えてくれます。

出雲大社《いずもたいしゃ》【那覇市古島】　そろそろ婚活

縁結びで有名な島根の出雲大社の沖縄分社です。婚活だけではなくさまざまなな縁、例えばお客さんとの縁、仕事の縁、お金の縁など、縁を結びたいものにはご利益があるそうです。

普天満宮

シルミチュー洞《どう》【うるま市勝連浜比嘉】

そろそろ婚活

男女の神が住むといわれる洞穴。カップルで訪れる方がいいとか。近くにアマミチュー墓があり、対で拝む人が多いそうです。子授けにも定評のある御嶽です。

大きな注連縄の拝殿

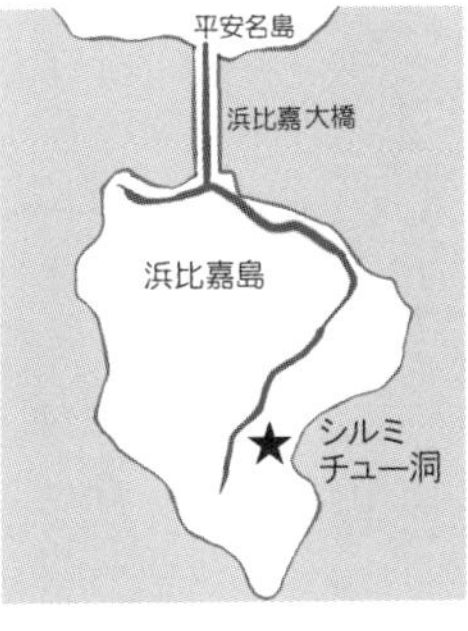

●子宝編　～子どもは天からの授かりもの!?～

泡瀬《あわせ》ビジュル【沖縄市泡瀬】　子宝編

沖縄の霊石信仰は子授けが得意分野。ここのビジュル（撫でぼとけ＝「撫でることでご利益を受ける」が訛った言葉という説がある）は沖縄の子宝神の筆頭と言っても過言ではなく、そのご利益はあまりにも有名です。この近くで販売している「さんごのお守り」はお母さん向けのお守りとして人気です。旧暦の九月九日、重陽の節句に特にパワーが増大するとか。

ミーフガー【久米島町仲村渠】　子宝編

久米島大和泊の岸にそびえる岩穴。形が女性器に似ていることから「女岩」ともいわれています。一方、パートナーの男岩ガラサー

泡瀬ビジュルの
「さんごのお守り」

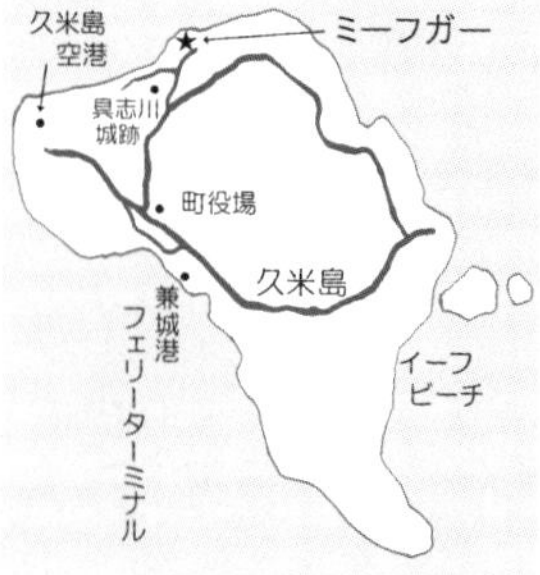

山は兼城港近くの小島にあり、両方をカップルで拝むことでご利益があるといわれます。

子宝編

ホートゥガー【うるま市勝連津堅】

津堅島にある泉。沖縄の言葉で泉や井戸を「カー」といいますが「ホートゥ」は「鳩」のことで、鳩が見つけた泉といわれています。昔むかし、日照り続きで村人が飢えに苦しんでいた時、この泉のおかげでたくさんの人が助かったといいか。ホートゥガーのそばにある鍾乳石「マーカー」には神様が宿っているといわれ、このマーカーを撫でると子宝のご利益があるといわれています。マーカーは男女の格好をしており、インスピレーションで「男性」だと思った石を男性が、「女性」だと感じた石を女性が撫でるのがコツだとか。

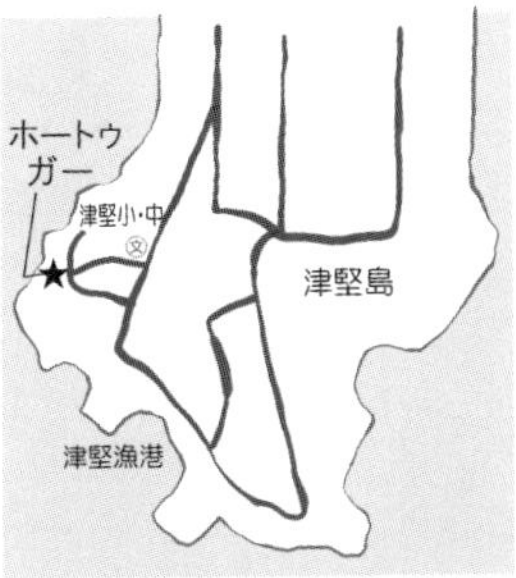

津堅島は勝連半島の南東四キロの地点にある周囲約七キロの島。うるま市勝連平敷屋港から高速船で15分。
(有) 神谷観光
098-978-1100

久米島のミーフガー
久米島は沖縄本島から西に約100キロにある面積59㎡の島。
アクセスは飛行機またはフェリーで

古宇利島《こうりじま》の西ビジュル、東ビジュル　子宝編

古宇利島は「恋の島」とよばれるほど至る所に縁結びや子宝の開運スポットがあります。特に西ビジュルは「クヮナシガマ（子供を産む洞、ビジュルヌメー御嶽）」と呼ばれるほどで、さる高貴なご夫婦もここで子宝祈願をしてめでたく男子を授かったといい、ご利益には定評のあるスポット。西ビジュルは女性神で東ビジュルが男性神と伝わり、両方を拝むことでご利益があるそうです。しかし、西ビジュルは男子禁制ですから男性は近くから見守りましょう。

ホーミシザー【与那原町字与那原海岸沿い】　子宝編

以前は浜辺近くにありましたが、近年になって東浜きょうりゅう公園に移転した霊石。

聞得大君が嵐で流されたので行方を探していたところ、見つかっ

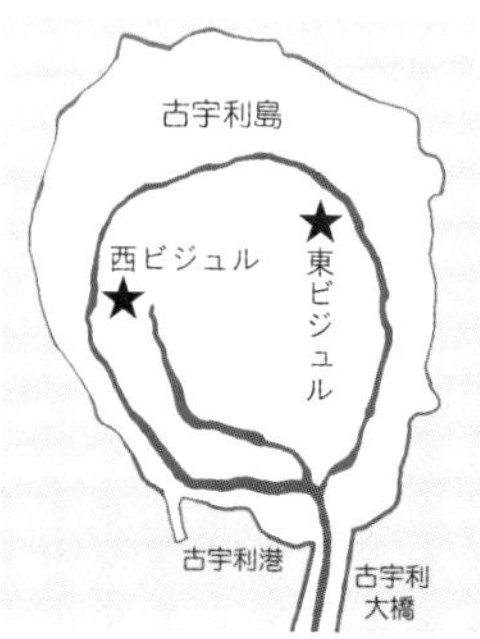

古宇利島は本部半島の南東四キロの地点にある周囲約八キロの島。
現在は屋我地島と橋で結ばれ、本島とつながっている。

たときには既に身ごもっていたため首里に戻れず、聞得大君はホーミシザー近くにある浜の御殿に住み、子供を出産したという逸話があります。古くから子宝の神様として崇められていた実績のある霊石で、やはり撫でることでご利益があるそうですが、最近は霊石だと気づかず香炉を踏み台にして遊ぶ姿を見ることがあります。ここは御嶽ですから気をつけましょう。

安里《あさと》のティラ【中城村安里】　子宝編

昔、中城の百姓が船を出すと急に海が荒れ、しばらく浜で休んでいると近くにある三つの石が光り輝いて話しはじめたそうです。「私を祀れば病をいやし、願いを叶えるであろう」。さっそくこの石を祀ったところ、病人は病が治り、商売をしている人は繁盛し、特に子宝を祈願した人は子供に恵まれたといいます。今でも参拝する人が多い開運スポットです。

※地図は101頁参照

●健康祈願　～病気が治る、元気になる～

ビンジュル毛《もー》【那覇市首里汀良町】

健康祈願

首里中の裏手に小さな祠があります。ここは病気や難産を軽くするご利益があるといわれています。ここの「びんじゅる」とは「賓頭盧（びんずる）」、仏様の御弟子さんのことだそうです。この賓頭盧は神通力に優れていたものの、その力をもてあそんだことがばれ、涅槃に入ることを許されませんでした。その後は悩める人を救うことに努めたのだそう。日本ではこの像を撫でれば病気が治るといわれる「撫《な》でぼとけ」です。

隣が電波塔になっていて、目印になります。

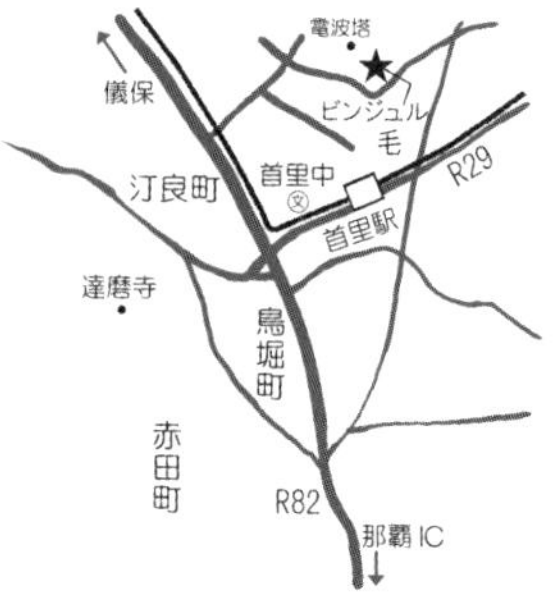

経塚《きょうづか》【浦添市経塚】

健康祈願

地震のときに唱える「チョーヂカ」の由来の御嶽。昔、浦添から首里に向かう道に魔物が出没し、人々を困らせていました。首里王府はお坊さん（日秀上人《にっしょうしょうにん》）に魔物退治を相談したところ、そのお坊さんは経典を書き、地面に埋めたそうです。それからというもの魔物も姿を消し、不思議なことに近くで地震が起こっても経塚の地だけは揺れなかったと言います。このことから、地震が来た時に「チョーヂカ」と唱《とな》えるようになりました。

除災、魔除け、病気平癒の力があるといわれています。

屋部寺《やぶでら》（凌雲院）【名護市屋部】

健康祈願

大層な験力を持っていたといわれる凌雲和尚《りょううんおしょう》開祖のお寺です。三三〇年ほど前、沖縄全体で長い日照りが続いていました。この危

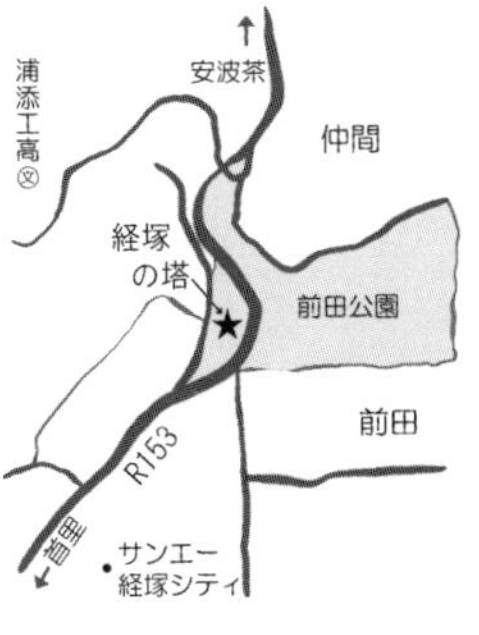

機を脱しようと王府は凌雲和尚に相談したところ、和尚は沖縄中を歩き、ここ屋部森に力を感じたそうです。つまり、和尚が寺を建てる前からこの土地は神通スポットであったということになります。この土地の力でしか沖縄を救えないと感じ取った凌雲和尚は、一週間もの間、断食をしながらお経を上げたところ、沖縄中に恵みの雨が降りたくさんの人が救われたという伝説が残っています。凌雲和尚は、今で言う防災学や医学、薬学にも精通しており、ここを訪れる人々にさまざまな知識を伝授していたそうです。そのことから、除災や病を治すスポットとして、また、医学の造詣を深める開運力をチャージするためにたくさんの医療人がここを訪れています。学問の神様でもあること

昔ながらのふくぎ並木が残る屋部の集落

から、特に医学部や薬学部など、医学を目指す学生が合格祈願に訪れるスポットでもあります。

この凌雲和尚は、脈を触って自分の寿命を判断し、最期は首里で迎えたいと村人に頼んで首里に連れてきてもらったそうです。帰ろうとする村人に和尚は自分の脈を取りながら「自分は明日死ぬので、葬式のご馳走を食べてから帰ればいい」と話しました。その予言通り、翌朝、凌雲和尚はこの世を去ったそうです。

鎮嶽《ゆちんだき》【那覇市繁多川】 健康祈願

生まれ干支の神々十二神が祀られており、お腹の病気を平癒するといわれています。また、「クェーブー」（食果報＝食べ物に困らない）の徳を受けられると評判の御嶽です。

屋部寺

●今の自分にプラス　～パワーアップ、願いがかなう～

安須森御嶽《あすむいうたき》【国頭村辺戸】　今の自分にプラス

泣く子も黙る琉球九御嶽の一つ。沖縄の最高神「キンマムン」が現れるという御嶽。国王と聞得大君に捧げる年頭の若水を汲んだウツ川のせせらぎもこの麓にあります。けわしい岩山ですから怪我の無いように登山してください。もし登山が困難であれば、黄金森にお通しところもありますので無理をしないように。また、麓の大石林山の売店では当地で採取されたパワーストーンも販売販売しています。金運はもとより、自分に足りない力を湧きださせてくれる場所です。

弁《べん》カ嶽《だけ》【那覇市首里鳥堀町】　今の自分にプラス

標高一六五メートルですが、那覇市では一番高い山。山というよ

※地図は84頁参照

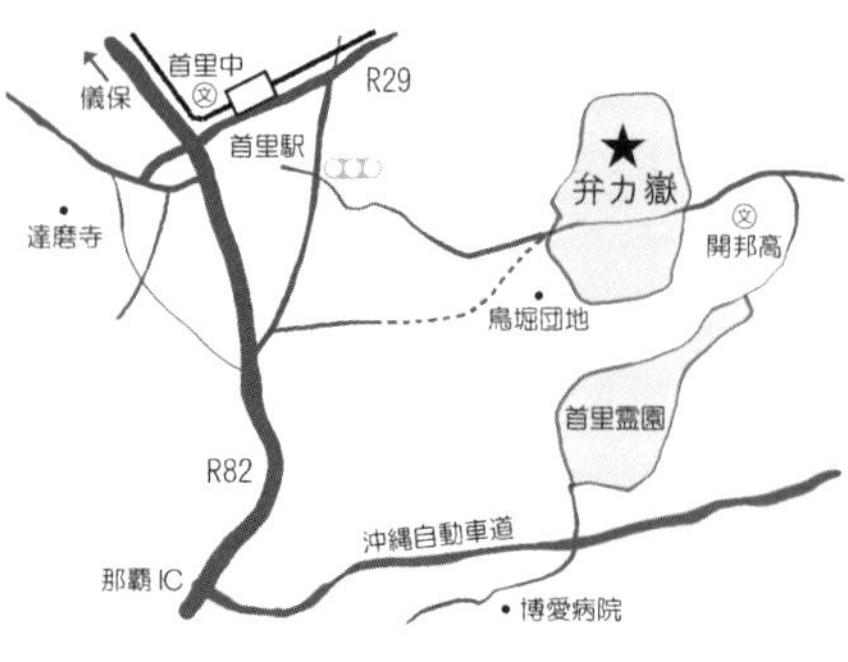

りも丘の風情ですが、天上の神々が舞い降り、琉球王国の時代、聞得大君らと舞や歌で遊楽したところだという伝説の場所です。神々が舞い降りることからクリエイティブな仕事の人に向いている御嶽だとか。どんな神からインスパイアされるか、自分自身でも気づかない個性を引き出してくれるといわれている場所です。

仲島大石《なかじまおおいし》【那覇市泉崎】

今の自分にプラス

泉崎バスターミナル内にある大岩の御嶽。この大岩が霊石であり、近くの久米にはいわゆる龍道が走ると伝わっています。仲島大石は龍が握っている宝珠だそう。意のままに願いを叶える宝珠にあたるのだそう。ここにはそんな宝珠パワーが宿っているそうです。ちなみにこの龍道、国道五八号泉崎ロータリーが龍の頭で久米大通りが体だとみなされ、その龍脈は今でも関係者によって大事にされています。

お参りする人が後を絶たない弁カ嶽

首里《しゅり》金城町《きんじょうちょう》の大アカギ【那覇市首里金城町】

今の自分にプラス

樹齢三〇〇年以上はあると言われるアカギの幹に洞があります。

ここの言い伝えによると、旧暦の六月一五日に天から神が舞い降りて、これはと言う願いを一つだけ叶えてくれるそうです。とっておきの願いがある人は年に一度だけのチャンスを見逃さないようにチェックしてください。ただし、他の日に訪ねても神様は留守のようですから注意してください。また、この日は六月ウマチーでもあります。天から神々が舞い降り、山や森に設置されている各々の御嶽で仕事をされているそうです。粛々と祈願を進めてください。

近くには「鬼ムーチー」の由来になった御嶽もあります。

付録　居心地のよい場所をつくる

自分だけのパワー空間

毎日多くの時間を過ごす場所だから、住んでいる家を居心地の良い場所にするというのは大切なこと。知っていたら役に立つ、ちょっとした気遣いで実行できることを紹介します。

家相が悪くても、住み続けなければならないことってありますね。自分だけのパワー空間を作って、活力をみなぎらせましょう。

まずは自分の住むテリトリーを清めます。これには、旧暦二月、八月、十二月の年に三回、屋敷の神に節々にお礼と家族の繁栄と安全を祈る「屋敷の御願」という年中行事が有効です。そのやり方は行事ごとをよく知っている方に教えてもらうか、御願の本などを参考にしてください。

テリトリーを清めたら、次は自室やリビングなど、一日の中で過ごす時間の長い部屋、または家の中で好きな場所をパワーアップ。天然のお香やオイル、好きな音楽で部屋を満たしましょう。音は厄を祓います。くれぐれも近所迷惑にならない音量で！　観葉植物があればさらにパワーアップできます。

また、屋敷の御願ができなかったり、部屋に人の出入りが激しいなどといった場合は、天然塩を小皿に盛ってその真ん中にお香を立てます。このセットを四つ準備して部屋の四隅に置くと、部屋の空気に活気が出てきます。これらのことを繰り返すと、次第に空間に力がわいてきます。

沖縄の伝統的間取り

沖縄では東（日が上がる事から沖縄の言葉で「アガリ」）や南（フェー）の方向を大事にします。太陽を尊ぶ沖縄は、太陽の上がる東から常に明るく風を入れる南を「上座」とします。「上座」は「神座」とされ、その位置に床の間を設け、客人を招きウトゥイムチ（接待）をします。上座には一番座や二番座があります。一番座は床の間や神棚を設置する場所です。床の間の前は、家の主が鎮座する場所ですから、家の中で一番明るい東か南に設置します。ここは主賓を招く場所でもあります。二番座は一番座からみて下に位置する場所で、一番座より若干北西に寄りますから「二番座」と言われます。ここには仏壇を設置し、家族で憩うリビングやダイニングの役割をします。神様は一番座、人間は生きていてもあの世にいても二番座ということになります。

一方、北や西を下（シム）といいます。北は日が当たりにくく、さらに風が入る事から、食べ物を調理する台所を設置することが多いようです。このことから、沖縄の言葉で台所を「シム」といいます。西（日の沈む方位なので沖縄の言葉で「イリ」）は、あの世に続くと考えられているようです。それで北から西の北西を「下座」といい、東南から北西にかけて順に下っていくと考えられています。

「人の顔」に対応した沖縄の間取り

それぞれの部屋の配置が「人の顔」に対応していると言われます（下図参照）。

［頭＝東・南］

知恵や才能を現す「頭」は南・東。ここが明るく清々しければ、主は健康に恵まれ仕事も成功し家が栄えると言います。この方位に一番座を設置するパターンが多いです。明るく風を通せば、頭も冴え、よい情報も流れてきます。ここは、家の主の位置になります。

［口＝北・西］

食べ物や水を摂取する口である台所や排泄のための便所を北・西に設置します。ここの位置は特に清潔にしなければ

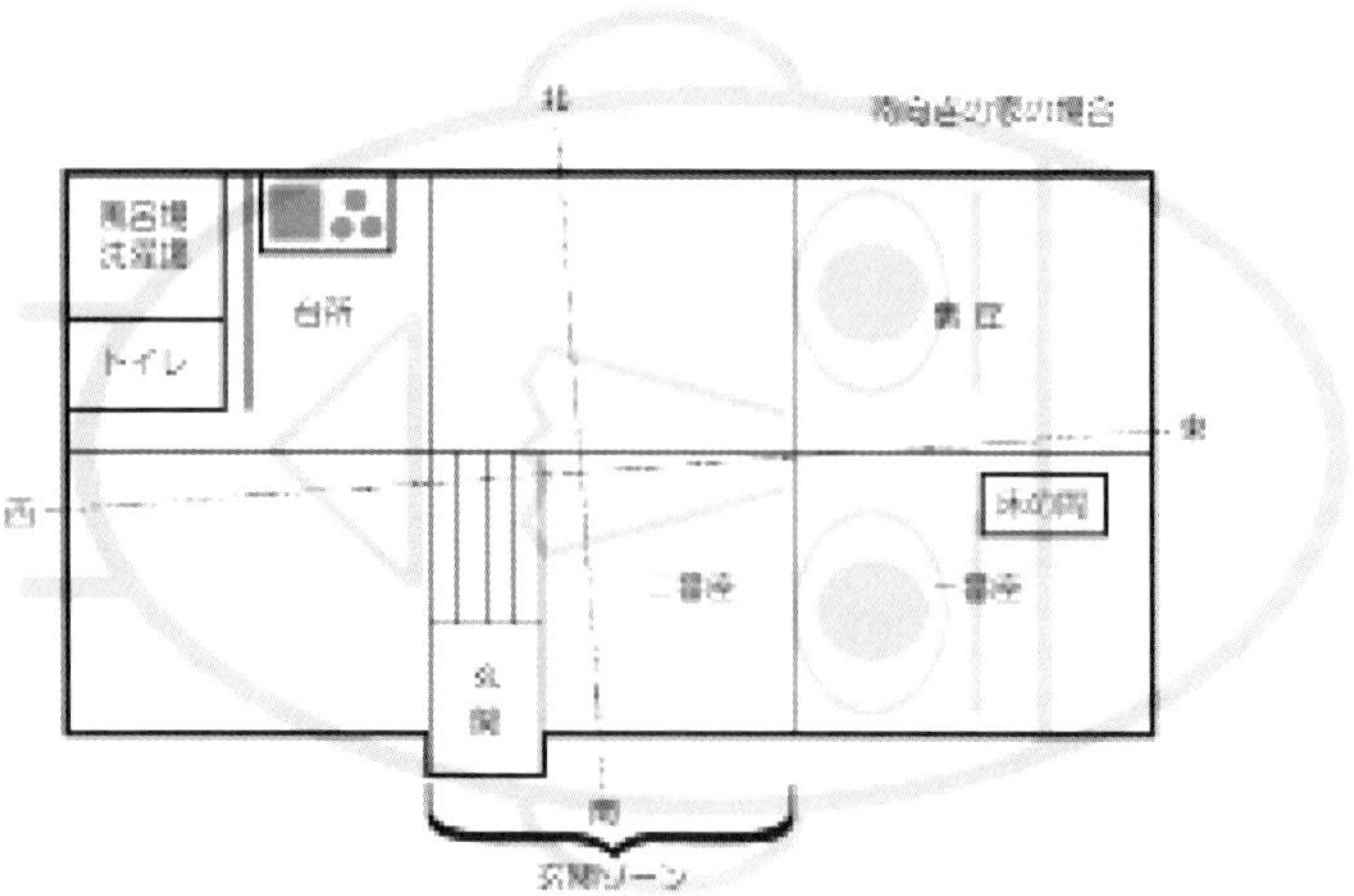

ばならないところで、おろそかにすれば運勢も下《くだ》すと言われています。昔から、水回りを動かすと「三年危険」と言われるほど、重要ですので、動かすときは慎重にしてほしいところです。

[鼻＝家の中央]

顔の中でも高くそびえる鼻。家相でもここには高々と「大黒柱」が立ち、その先端には家を守る神「しびらんか」が宿ると言われています。

鼻であるので、ここに水回りを持ってくると、運が「鼻水」のように流れ、次第に鼻づまりのように運もつまり、最終的には呼吸ができなくなるそうですから、注意が必要です。

[輪郭＝境界]

境界はしっかりしておかなければ、隣家の運勢の影響を受けると言います。垣根ならきれいに整えましょう。そうすることで散髪後のような清々しさが伝わり、家の風格も好感度も上がります。

家の中を少し変えるだけで開運に

玄関

実は「玄関」は仏教用語。仏教では、玄関は家の中で一番心地よい場所を言うそうで、そこにいれば、心和み、正しいことを求め、悟りを開ける場所だそうです。

沖縄の家にはもともと現在のような「玄関」はなく、一番座や二番座の大きな掃き出し窓から出入りしていました。家に入ればすぐに一番座、二番座という間取りです。一番座は床の間、二番座は仏間という使い方をしていたので、ある意味、「玄関」の正しいとらえ方かもしれません。「玄関」は、ただの出入り口と思いきや然《さ》にあらず、ですね。

玄関は開運の登竜門として捉えます。玄関戸を開ければ、「福」も「厄」も一緒に入ってきます。玄関の理想は厄を払い福だけを残す。日々のちょっとした心がけで「福」だけを通すフィルターは作れます。

アイテム① 鈴

悪運はどこから拾ってくるかわからないものです。変な言い方ですが「ちょい悪」なら鈴などの「音」で対応できるそうです。

アイテム②　鏡

出かける前の身だしなみチェックや玄関を広く演出したいなどの理由で鏡を置いている人は多いはず。玄関に置くのであればドアを入った左側がベスト。光を部屋に反射する位置なら、なおいいです。ただし、こまめに鏡を拭き輝かせる事が重要。もし、曇ったまま放置するくらいなら置かない方がいいです。また、玄関を入って正面に鏡を置いた場合、悪運だけでなく良い運もはねのけるというので注意しましょう。特に合わせ鏡とならないように注意も必要です。

アイテム③　置物

ドアを開けてすぐに目につくところに観葉植物などの生命力に溢れているものがあれば活力をもらえ、お守り系置きものなら守護力が働きます。観葉植物はトラノオや幸福の木はラッキーアップグッズです。反対にドライフラワーや犬の置物はアンラッキーグッズなので避けた方がいいでしょう。

そして、玄関に置かれるグッズでよく見かけるのがシーサー。シーサーは玄関に入る前に悪運をはらうアウトドア（外用）魔除け。内に入れてしまっては、入って来た福の神様も祓うことになります。玄関まわりに水ものは避けます。

アイテム④　窓

玄関を開けて、正面に窓があれば、入ってきた運がそのまま通過してしまいます。もし、そのような間取りであれば、玄関と窓との間に観葉植物を置いたり、のれんを吊るしたりなどという対策をするといいでしょう。

また、門から玄関が一直線という場合は、その間に植物を互い違いに置くか、ヒンプンの代わりにすだれをかけて対応します。窓の無い場合は、ライトを使って玄関を明るくしましょう。

アイテム⑤　香り

玄関を清潔に保つのは、開運のキホンです。風通しをよくし、履物は片付けます。さらに、よい香りを漂わせておけば、不意のお客様からの印象もアップします。香りは、ウッド系やシトラス系がいいとされています。

トイレ

トイレには「神様」がいるのは有名ですが、沖縄では「フールの神様」と言います。「フール」とは沖縄では「トイレ」のこと。フールの神様は「マサシェール神様（すぐれた神様）」と、沖縄では大切にされてきました。地域によっては、トイレに香炉を置くところもあります。フールの神様は、ヤナムンを撃退したり、金運をもたらしてくださったり、口難《くちなん》（他人から受ける誹謗中傷から自分から発した悪口まで）はずし（65頁参照）、マブヤー込めもする、とにかくオールマイティーな神様です。全ての災難を解決する勝《まさ》った神が居られるといわれます。

お風呂を「ユーフル」というように、「フール」とは水を司る場所なので清潔を心がけるべきところなのです。言い伝え通り、清潔を保って、大切にすればするほど、運は開けてきます。

ただ、最近は、トイレの形式が昔と違ってきて洋式トイレが多くなったりで環境が変わっていますので「フールの神様」へのマナーも若干、追加されています。

・トイレのドアや便器の蓋は必ず閉じましょう。
・トイレに窓のない場合には、トラノオなどの生きた植物を置きましょう。

・スリッパはトイレ用に準備して室内用とは別にしましょう。
・芳香剤を置く場合には、天然のハーブ系や柑橘系が運を上げると言われています。

かつての沖縄のトイレは「ウヮーフール」といわれ、トイレにブタを飼っていました。沖縄ではトイレとブタは相性がいいようです。トイレにブタの置物を置けば、ヤナムンが家に近寄れません。

可能ならば毎日掃除をしましょう。本当は使用するたびに軽く拭くほうがいいです。基本は、気持ちよく使えるようにすることです。

また、商売をやっている方は、ライバルからの口難は少なくとも受けているはずです。どこの誰からの口難かわからないのですから、毎日トイレをきれいにして、方々からの口難を外すようにお願いしましょう。実際に、トイレのきれいなお店は繁盛しています。

また、トイレに盛り塩や水、米を置いて旧暦の一日、十五日には交代します。屋敷の御願にも「フールの神様」への祈願も忘れずに行いましょう。

葬式帰りの客は、店に縁起を置いていってくれると言います。沖縄では、人は百二十歳の寿命を持って生まれてくるけれど、全《まっと》うする事はきわめて稀《まれ》で、葬式にはその残った寿命の徳があると言われています。葬式帰りの客はその徳を持ってくるということで、精進落としの客は、徳を持つと言われ、葬式帰りの客は店に縁起を置いていってくれると歓迎されるそうです。

フールの神様の言いつたえ

昔、琉球で疫病の神が人々を苦しめたくさんの人が死んでいきました。生き残った人たちは、救いを求めて天に祈りました。その祈りをキャッチした天の神様がたくさんの神を連れて沖縄に舞い降りました。

天の神様は、それぞれの神に沖縄の家を余すとこなく守るように配置しました。最後に残った場所が「便所」。排泄物で汚れ、鼻を摘むほど臭い場所です。天の神様は、自らそこに住む事にしたそうです。こうして、沖縄の地はたくさんの神々に守られ、疫病神も消えていったそうです。

こうしたことから、沖縄の人々は強く心やさしい優れたフールの神様を敬い、常にフールを大切に使ってきました。葬式やお墓のそばを通って帰宅したときは、まず、トイレに入ってから家に入ったといいます。

台所

沖縄の家庭ならヒヌカン（火の神）をお祀りしている家庭が多いと思います。「うちは訳あって、ヒヌカンは祀っていないのよー」という家庭でもご安心あれ。昇る朝日に向かって日々の感謝をすれば伝わるそうです。これは、旅行先でも使える手ですね。

台所で注意したいのが、出しっぱなしの包丁。あらぬトラブルに巻き込まれやすくなるそうです。使った包丁はきれいに洗って、シンク下などに収納しましょう。ふきんも出しっぱなしにせず、きれいに洗って天日干しして後にしまう様ようにしましょう。できれば、まな板もふきんも煮沸消毒をしましょう。

とにかく、台所は物品を出しっぱなしにしないのが基本です。

居間

家族が集まってくつろぐ憩いの場所である居間をパワーアップさせる事は、いわば「開運の王道」です。いつ来客があってもいいくらいに普段からきれいにしておくだけで、開運できるといいます。重要なのが、テーブルの上にはごちゃごちゃ物を置かずに、常に広々と使いましょう。わざわざ訪ねてきてくださった客人を招くという意味で、整理整頓しましょう。

居間で勉強する子ども達も多いですから、時間を決めて集中して勉強できる環境を作ってあげましょう。居間で勉強する子どもは伸びるそうです。

また、テーブルは木製の物がベストですが、ガラスや黒いテーブルの場合には、撥水加工のしてある布製の明るい色のテーブルクロスで覆うか、板を被せると良いようです。滑らないよう工夫をしてください。

テレビの周囲には静電気によってホコリが集まりやすいです。これは厄を集めていることと同じになってしまうので、乾拭きをしてきれいにしましょう。また、テレビの近くには、観葉植物や炭を置くとチムサーサー（心が落ち着かない状態）する心を冷ましてくれるようです。

仏間

トートーメー（ご先祖様）のいる仏間では、喧嘩や悪口は厳禁です。とたんに運が下降します。仏間では笑い、励まし合い、いい話をする。これが一番の供養です。

よく遺影をそのまま飾ってるお宅をみます。亡くなった家族と一緒にいたい気持ちの表れだと思いますが、亡くなった方には休んでいただくことがよいと言われるので、遺影は、月命日やシーミー、盆などの行事に出した方がよいと言われています。

また、仏間にはトゲのある花を飾るのは避けましょう。トートーメーはとがっているものが苦手だそうです。先祖が眠る場所ですから、その上には部屋を造らないか、押し入れにする等して、上の階から踏まない様にしましょう。マンションやアパートの場合には、「雲」という文字を天井に張る方法もあります。これは、この上には、空が広がり、雲で境界を張っていると言う意味だそうです。

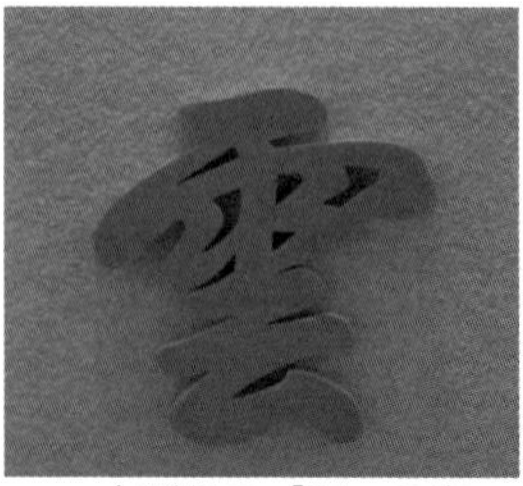

木彫りの「雲」の字

床の間

書院や床板の部分を床の間と思われがちですが、沖縄ではその部屋全体を「床の間」とします。床（床板や書院、床柱のあるスペース）には、生業別で掛軸をかけます。

・自営業なら「七福神」

・サラリーマンや公務員なら「福禄寿」
・試験や昇進を狙うなら「関羽」
・総合的に上昇したいなら「赤富士」

お飾りは季節の物を飾ります。例えば、お正月ならお米や稲穂、鏡餅、生花など。一年を通して、トラノオや万年竹、おもとなどの丈夫な植物をが向いているでしょう。

また、床の間は仏間同様、上の階から踏まないように注意しましょう。畳を敷く場合にも、畳の縁が床板と平行になるように敷きます。

庭

夏は暑く、冬は強い北風が吹きすさぶ沖縄。その上、重なる台風の襲来や塩害に悩まされることも多いです。植物にとっては決して居心地のいい環境ではありませんが，沖縄の植物はいつでも元気いっぱいです。

特に台風一過の植物の元気度は、在来種と外来種では圧倒的な違いを見せてくれます。黒木やフクギなどの木は、若干の葉を落とすものの塩害にも強いことを示すように、青々とした葉っぱを茂らせています。一方、外来種はチリチリになった茶色の葉を数枚つけてかわいそうな姿をしています。庭を造る時には、そうした沖縄の気象条件も考慮しながら、植物を選定しなければ、暑いさなか、庭の手入ればかりするはめになってしまいます。

また、植物には運を活発にする「陽の木」と運を沈める「陰の木」があります（次頁参照）。単純に運を活発にすれば幸せになると言うのではなく、活発な「陽」ばかりでは運気に疲れが出てバランスがくずれ、「陽」が反転して「陰」になってしまうこともあります。「陰」と「陽」それぞれの木を上手に使いこなしましょう。

「陰」と「陽」のバランスがいいところには良い木が育ち、良い気を発すると言われています。沖縄では、庭に池を置くのは避けるように言われています。池のある家は、早死相や下降相だそうです。もし、池のある場合には、年に数回の池浚《さら》いをして、水が淀まないように、また、水が常に循環するように工夫してください。

池の他に、庭石にも注意が必要です。石には魂がこもりやすいと言われています。業者から購入した庭石でも、どこから採取した石か確認しましょう。

庭に設置する場合には、石にも顔があるので、専門家に相談してから設置しましょう。庭石を置く場所が決まれば、石を酒と塩で清め、水で洗った後に据えましょう。

陽 松、竹，梅、黒木、クロトン、菊、モクビャッコウなど

梅

クロトン

陰 ブーゲンビレア、ハイビスカス、エンジェルトランペット、プミラなど

ハイビスカス（仏桑花）

ブーゲンビレア

〈沖縄開運スポット索引〉50音順

※ゴシックは項目名

比嘉淳子（ひが　じゅんこ）

那覇市在
首里系那覇人の祖母から沖縄しきたりを叩き込まれて半世紀。
薄れていく沖縄文化に危機感を覚えている一男一女の母親。
沖縄のしきたりや子供向け番組の企画、監修、執筆など。
残生は沖縄のよさを残すために奔走している。

本文イラスト　新垣屋

幸せを呼ぶ
おきなわ開運術
おまじない・縁起物・ご利益スポット

2012年　8月15日　初版第一刷発行
2022年　6月15日　第六刷発行
編　者　比嘉淳子＋
「おきなわ開運術」編集部
発行者　池宮紀子
発　行　ボーダーインク
〒902-0076 沖縄県那覇市与儀 226-3
電話 098(835)2777 fax098(835)2840
http://www.borderink.com
印　刷　株式会社 東洋企画印刷
